載を読んで下さったおかげです。ほんとうにありがたく身にあまることでした。

このたびは百三十一回分の記事がまとめて本になり、望外のよろこびです。長期にわたり、連載を担当して下さった読売新聞大阪本社滝北岳編集委員のお力添えで、ここに至りました。私の拙い話をわかりやすく文章にして、注までつけて下さったご辛労に感謝し、ご助力をあつくお礼申上げます。個人的なことですが滝北記者と私は大阪府立高津高校の同窓生であるのもうれしい縁でした。最後に、出版を申出て下さった和泉書院廣橋研三氏のご好意をありがたくお礼申上げます。和泉書院さんとは四十年以上、親しくしていただいてきました。五十年になるかも知れません。

平成三十年九月十日

肥田晧三

はしがき

平成二十七年三月に読売新聞大阪本社から、昔の大阪の話を聴かせてくれるか、それを記事にして連載したい、との申入れがありました。自分にどのような話が出来るのか、自信はなかったのですが、潜越なことでしたが、お引受けしたのでした。

この年は、ちょうど戦後七十年にあたり、七十年前の昭和二十年三月十四日は戦災で大阪が焦土と化し、私の生家も罹災して焼け失せました。それで連載の第一回は「戦災」を語り、「再見 なにわ文化」と新聞社の命名で、四月一日の夕刊から掲載がはじまりました。以来、毎週一回の連載、取材をうけて往時を語るのですが、私の話は、思いつくことも纏まりなく、いたずらに冗長なだけのことでしたのに、いつの間にか、それが延々と三ヶ年以上も続くことになりました。ひとえに、読者の皆様が、辛抱づよく連

再見なにわ文化

肥田皓三

和泉書院

目次

凡例

本書は、肥田晧三の談話を文章化して、読売新聞大阪本社夕刊で毎週連載している「再見なにわ文化」のうち、初回（二〇一五年四月）から第一三一回（二〇一八年六月）までを編集して、一冊にまとめたものです。連載の第一回に肥田の紹介が以下のように載りました。

肥田晧三さんは昭和五年（一九三〇）、大阪・島之内で二百年以上続いた旧家の次男として生まれました。旧制中学に入学しましたが、移行した新制高校を病気のために中退。療養後、大阪府立中之島図書館の非常勤嘱託、関西大講師などを経て、昭和五十九年から平成二年（一九九〇）まで、関西大学文学部教授を務めました。

様々な分野の資料を収集、書誌学、大阪庶民文化、上方落語史、近世文学など専門は広範囲にわたります。その経歴や該博な知識から、大阪の「町人学者」の継承者とも呼ばれます。著書は『上方風雅信《かみがたふうがしん》』『上方学藝史叢攷《かみがたがくげいしそうこう》』など多数。江戸から昭和にかけての大阪の芸術や音楽、暮らしなど「なにわ文化」を語っていただこうと思います。最初のシリーズは七十年前の「戦災」です。

なお、一書にまとめるにあたり、以下のことを施した。

①本文中の名称や肩書、年齢などは基本的に掲載当時のものです。
②連載中は毎回必ず図版が挿入されていましたが、本書では各項目ごとに取捨し、新たに追加したものもあります。
③連載では一回ごとに注が付いていたのを本書ではその形を残しています。注は読売新聞社がつけたものです。
④書籍名などを除き、近世以前の「大坂」も「大阪」と標記しています。
⑤所収の写真・図版等の資料中、筆者所蔵のほかは当該箇所に記しました。

＊貴重な資料の掲載にあたり、ご許可をいただいた関係各位に御礼申し上げます。

戦災

私は今ね、大阪歴史博物館（大阪市中央区）に、よう行きまんねん。八階でよく江戸から昭和の大阪の絵画を特集した展観があります。九階の会場の隅でも大阪の絵描きの作品が飾ってあって、年に何回か、入れ替わります。これが楽しみですねん。ええ作品残ってるなあ、と。大阪には江戸時代から絵描きはたくさんいてました。特に京都で始まった四条派[1]の絵が、大阪の船場の商家で受け入れられるんです。久保田桃水[2]とか、庭山耕園[3]とか。どこの家でも床の間がありましたから。そこに絵をかけるのが生活なんですわ、ごく当たり前の。大阪には、おびただしい絵があったんやと思います。今も残ってますけどな。その十倍、百倍する絵があったんでしょう。けど、ほとんど戦災で焼けてしもうた。残っている分だけでも、十分や、とは思いますねん。それでもね、滅びたものも見たいなあ、惜しいなあ、と思うことがあります。

最初の大空襲[4]の時は島之内の鍛冶屋町[5]の本宅から離れて、豊中市の別宅にいました。布団と勉強道具だけ持って。大阪市内は毎日、空襲警報が鳴ってましたからな。空襲の夜は、大阪の方の空がえらい真っ赤になっていました。でも、中学校が休みになるやろか、程度にしか思ってませんでした。

翌日、阪急に乗って梅田まで出て、城東線[6]に乗りました。普通は鶴橋駅まで行くんやけど、桜ノ宮駅で電車が止まったまま。本宅がどうなってるのか気になったんで、いったん梅田まで戻り、御堂筋を南へ歩きました。朝の八時頃、まだがんがん燃えてました。死体も並んでいたように思います。子どもの頃から、よう見ていた関東大震災の写真集、そのままの光景でした。心斎橋まで歩きました。島之内には何もあらしまへん。近所で長屋が一棟焼け残ってるのを見つけて、もしかしたらうちも、と思いましたけど、そんなことはありませんわ。蔵も含めて、すべて焼けてました。昼間やのに、あたりは真っ暗ですねん。そこに雨が降るんですわ。黒い雨が。それはよう覚えてます。

1　江戸中期、呉春（松村月渓）を祖として、京都で生まれた日本画の一派。
2　画家、一八四一～一九一一年。風格のある画風で知られる。
3　画家、一八六九～一九四二年。大阪画壇の重鎮。
4　一九四五年三月十三日夜から十四日未明。市内中心部を焼き尽くし、数千人の死者が出た。
5　現大阪市中央区島之内二。
6　現在のＪＲ環状線の一部。

大阪・島之内は道仁、大宝、御津の三つの小学校の校区に分かれてました。道仁に限ると、江戸時代の雰囲気を戦前まで残していた家というと、私のところ[1]を含めて三軒くらいです。中でも代表的な商家いうたら、穐村《あきむら》治郎兵衛[2]さんです。鉄線のお商売をされてました。本当に古いおうちで、建築雑誌[3]にも、家の外観や内側の写真が何枚も掲載されたほどです。

昭和十五年（一九四〇）、李王[4]殿下が第四師団長として大阪に赴任された時、代表的な商家を見たいとおっしゃって、穐村家を見学されました。穐村さんは非常に光栄に思われましてね、喜びを分かちたいと、自宅を開放してくれはりました。私が小学校四年の時です。家の前は数えきれんほど通ってましたけど、中を見せていただいたのはその時が初めてです。入ると、店の間があってその先に内玄関がありました。中庭には古いお茶室がございましてね、お茶の振る舞いがありました。私も、近所の奥さん方の末座で、よばれました。いただいたあと、お茶わんをひっくり返す真似事《まねごと》をしましたらな、奥さん方から、「肥田さんとこのボンボンは違う」と。そんなばかなことも思い出します。

島之内の旧家、穐村治郎兵衛さん宅
（『建築と社会』昭和 10 年 7 月）

穐村家には蔵が五つありました。うちは三つでした。船場、島之内の旧家なら当たり前です。大空襲[5]の時に、うちも穐村はんところも、一日で焼けてしまいました。空襲から何日かして島之内に行くと、家は焼けてるのに、蔵だけがぽつんぽつんと残ってました。それが煙を吹いてますねん。中で何日も燃えてましたんやな。突然、屋根がぽーんと抜けますねん。それで、まわりの白壁だけが残る。蔵はね、目張りして火を防ぐんです。うちは、そんなこともしなかった。手抜かりなことやと思います。本当に空襲が来るとも思わなかったんやとも思います。

昭和の一けた年代から、防空訓練もなんぼでもやりました。バケツリレーもしました。そんなもんで消せる程度やと、みんな思ってたんです。あんなに、徹底的にやられるとは思っていなかった。それもたった一晩でっせ。

1 大阪市南区鍛冶屋町（現中央区島之内二）。終戦当時の当主は、筆者の祖父、熊蔵氏。
2 大阪で有数の豪商として知られた旧家。江戸時代には町年寄を務めた。
3 『建築と社会』（日本建築協会発行）の昭和十年（一九三五）七月号。「大阪の地に昔のまま残る商家」として掲載されている。
4 大韓帝国最後の皇太子、一八九七～一九七〇年。日韓併合で、日本の皇族に準じる王族となる。陸軍中将として終戦を迎えた。
5 一九四五年三月十三日夜から翌未明にかけての第一次大阪大空襲。

子どもの頃、夏休みに浜寺[1]まで、海水浴によう行ってました。だいたい夕刻に、大阪に帰ってきます。南海電車が難波に近づいてきて、東の方を見ましたら、四天王寺（大阪市天王寺区）の五重塔が、西日にあたってきらきらと輝いてますねん。そら、ほんまに美しい光景でした。

四天王寺では、昭和九年（一九三四）の室戸台風の風水害でね、五重塔が倒れてしまいました。のちに管長になられる出口常順[2]さんが中心になって、勧進をされます。皆さんのご努力の結果、昭和十五年に再建されて、五月に落慶法要が営まれました。この五重塔の美しかったこと。特に、屋根の勾配の具合が素晴らしかった。設計したのは、天沼俊一。[3]壁画は、日本画家の堂本印象[4]が描きました。当時の美術の粋を尽くした、と言うてもいいと思います。それなのに、昭和二十年三月の大阪大空襲で、焼けてしまいました。あのきれいな五重塔を見ることができたのは、たった五年だけしかおまへん。

空襲で、大阪の神社、仏閣の多くは焼けてしもうた。大きなところで残ったのは、住吉大社（同市住吉区）と、大阪天満宮（同市北区）の御社殿くらいですか。大阪の中心部では、北浜から淡路町のあたりが焼け残りました。北船場の一番ええとこです。けれど、戦後に全部、ビルになりましたな、古い家は。昔のまま残ってるといえば、銭高組の高徳寮[5]ですか。明治時代の商家を銭高さんが買うて、寮として使ってはりました。小西家住宅[6]も残ってます。鴻池の本邸[7]も幸い、焼け残りました。戦後も残っていたのですが、今はもう、建物はありません。

それから、大阪城の中に「紀州御殿[8]」いうて、立派な御殿がおましてん。障壁画のすごいものがあったと聞いてます。せっかく焼け残ったんですが、戦後になって、昭和二十二年、接収していた進駐軍が火を出して、焼いてしまいました。残っていれば、重要文化財にはなっていたと思います。ほんまに殺生な話です。

1 浜寺公園（現在の堺市など）にあった海水浴場。
2 一九五一年から八三年まで四天王寺管長、一九〇〇～九四年。
3 建築家、一八七六～一九四七年。古建築の調査に尽力した。
4 日本画家、一八九一～一九七五年。日本芸術院会員。
5 大阪市中央区伏見町。大阪・船場の典型的な商家建築で、一九四一年に銭高組が購入。現在も管理している。
6 同区道修町。旧小西儀助商店社屋。
7 同区今橋。鴻池家の本宅。戦後、大阪美術倶楽部が購入したが、二〇〇七年、取り壊された。
8 もとは和歌山城二の丸の御殿。一八八六年に陸軍が移築、司令部の庁舎として利用した。その後、大阪市の迎賓館として使われたことも。

こんな本があります。『大阪夏祭提灯《ちょうちん》考』。昭和八年（一九三三）に、「上方郷土研究会」[1]が出してます。著者は、藤里好古《こうこ》[2]さんです。島之内や船場の夏祭りでは、どこの家でも、家紋の入った幔幕《まんまく》を張ります。白と、紺か茶色の二段染め。家によって色合いが違います。それから、提灯をつるします。その提灯に描かれた模様が、町によって全部違いますねん。この本では、町内ごとの提灯の模様を調べてはります。大阪市内の町内を網羅しているわけではありません。それでも、よう調べて、まとめてくれはったと思います。

夏祭りというと、男の子のあるお家では、その数だけ、「御神灯《ごしんとう》」[3]を飾っていました。箱提

大阪の各町内の提灯を集めた『大阪夏祭提灯考』の表紙

灯を丈夫な台に据え付けたもんです。上の方に飾りがついてまして、私んとこのような古い家は、金色の玉とか、白い房とか、昔ながらの飾りです。木の彫刻で新しく作らはる家もおました。打ち出の小づちとか、人形や鶏とか。木彫りで彩色がとってもきれいでした。ぼんぼんのためにあつらえて、年に一回だけ飾らはります。武者人形みたいなもんです。

小さい頃はね、毎年、夏祭りの日に町内を回って、飾ってはる御神灯を見るのが、とても楽しみやったです。

江戸時代に、大阪の夏祭りの町を写生した絵があります。私たちが子どもの頃に見た光景とそんなに変わらない。ずっと続いてきた風俗やったんでしょうな。余裕のないところなんか大変やったやろうと思うけど、それでも町内こぞって、きれいに飾ってました。戦前のこととゆうても、私は小さかったから、島之内のことしか知りません。それでもね、今から顧みましたらね、美しい町、整然とした町、豊かでゆったりとしていて、洗練された町並みやったと思います。文化の厚みがあり、生活の美しさもありました。これが島之内という場所やったんです。

七十年前に戦災で焼けてしまいました。その後は、全然違うようになってしまいました。

8

1　大阪の郷土史家、南木芳太郎（一八八二～一九四五年）が一九三一年に創立した。以来、一九四四年まで、雑誌『上方』を発行。『大阪夏祭提灯考』は、上方叢書シリーズの第一巻として出版された。

2　郷土史家、一八九七～一九六六年。長く大阪天満宮に勤務、天神祭などの資料収集にあたった。『上方』にも多くの論考を寄稿している。

3　『提灯考』には「御祭礼提灯」の名前で紹介している。

上方落語

私が一番熱心に落語を聞いたのは、終戦から間もない、昭和二十二年（一九四七）のことです。旧制の高津中学校の五年生の頃だんな。日記を見ますと、「大阪落語の会」とか、「上方はなしを聴く会」に、休まずに行ってます。

五月に大阪文化会館[1]であった「聞く会」がはねた時のことです。舞台のとこに、五代目松鶴[2]のメクリ（名ビラ）が残っていたんです。それをはずして持って帰りました。これがその時のメクリです（図版）。文化会館の催しのポスターの裏を半分に切って、使ってます。墨の色もうすい。もののない頃だしたから。ずいぶん後になってからですけど、桂米朝[3]さんにお見せしましたんや。そしたらね、「間違いありません。これは師匠、桂米團治《よねだんじ》[4]の手《て》跡です」と。いま、大阪でも、寄席文字を書いてはるのは、東京の橘流の流れです。大阪流の寄席文字というものは、もうおまへん。あの字は大阪流です。値打ちありますよ。

当時、一番好きやったのがやっぱり松鶴。戦前

から何回も聞きました。「天王寺参り」や「三十石」。三十石は三へんか四へん聞いたかな。ソラで覚えるくらいでした。そのほか、米團治、先々代の桂文枝[5]、桂文團治[6]、橘ノ圓都《たちばなのえんと》[7]も出てはりました。どの会も小さな規模で、勉強会みたいなもん。でも熱心でした。それに松竹の白井[8]はんが目をつけた。この年の九月に、映画館やった「戎橋松竹」を寄席に替えるんです。開館の時は行きました。それまではみんな真剣やったんですよ。ところが、戎橋松竹は、ざわざわとして、客も雰囲気も全然違う。落語も、短く、はしょったような感じでした。中学生やったけど、割と気むずかしかったんですわ。こんなんあかんと思ったんです。えらそうですけどね。それで、落語の熱が冷めて、まったく行かんようになりました。

1　大阪市中央区。旧精華小学校。
2　笑福亭、一八八四～一九五〇年。私財を投じて、雑誌『上方はなし』を発刊するなど、上方落語の復興に尽力した。六代目松鶴は実子。
3　一九二五～二〇一五年。現代の落語界を代表する一人。上方落語中興の祖とも。人間国宝に認定され、文化勲章を受章。
4　四代目、一八九六～一九五一年。「代書」の創作で知られる。
5　四代目、一八九一～一九五八年。
6　四代目、一八七八～一九六二年。
7　一八八三～一九七二年。浄瑠璃ものを得意とし、戦後、多くのネタを次世代に伝えた。
8　松次郎、一八七七～一九五一年。松竹の創業者の一人。

結核のために十年ほど、自宅療養していたせいもあって、戦後しばらくは、上方落語から離れてました。その間は何もすることがなく、本ばかり読んでいました。上方落語と再び、縁ができたのは、昭和四十年代（一九六五〜）になってからです。その頃、大阪府立中之島図書館の非常勤嘱託をしてました。朝日新聞社が保管していた江戸時代の書物を中之島図書館にご寄贈なさり、その整理の手伝いが仕事でした。当時、府立図書館と関西大図書館の司書が集まって、頼春水《らいしゅんすい》[1]の「在津紀事《ざいしんきじ》」の読書会をしており、毎月、参加してました。その中心だったのが、大阪近世文芸の泰斗である水田紀久[2]さんと近世俳諧がご専門の大谷篤蔵[3]先生です。

昭和四十二年（一九六七年）ごろでしたかな、「藝能史研究會《げいのうしけんきゅうかい》」[4]が全国の古典芸能をまとめて出版しようと企画なさりました。神楽から始まって、能やら狂言やら、浄瑠璃、歌舞伎と、網羅して、平凡社から全十巻の『日本の古典芸能』を出版することになりました。その第九巻が「寄席編」ということで、落語、浪花節です。学者が集まって、寄席のことを考える、ちゅうのは、たぶん初めてのことですわ。大阪落語、上方落語の書き手がなかったんやろ、と思います。おそらく、大谷先生が読書会の時にでも、私のこと見てはったんやと思いますねん。先生から「肥田やったら、落語、書けるんと違うか」と、ご指名がありましたんだ。本来ならね、『上方落語の歴史』（杉本書店、一九五八年）を出してはった大阪教育大学の前田勇[5]先生が、書くはずでしたんや。そやけどね、前田先生は、同じ本の中の「上方の寄席」という項目にまわりはりました。ご自身の意志かどうか、細かいところは知りまへんのですけどね。その直前、五代目笑福亭松鶴が出していた雑誌『上方はなし』の四十九冊全そろいが古本屋に出て、高かったけど、買うてましたんや。これを読んでさえおれば、何とかなるやろ、と、割と軽い気持ちでお引き受けしました。これが、転機になりました。

1 江戸時代の儒学者、詩人。頼山陽の父。「在津紀事」は、大阪在住時代の回想録。
2 国文学者、元関西大学教授、一九二六～二〇一六年。
3 国文学者、神戸松蔭女子学院大学名誉教授、一九一二～九六年。
4 芸能とその歴史に関して学問的研究を実施することを目的に、一九六三年設立された。事務局は京都市。
5 大阪弁研究の第一人者、一九〇八～七二年。

不思議なことに、執筆が決まってから、上方落語の先祖たちの新しい資料が次々と見つかりましてん。中之島図書館の嘱託をさせてもろてましてね、休憩時間、江戸時代の本を一通り見せてもらってました。その時、大阪落語の祖、初代米沢彦八[1]を描いた絵が出てきました。宝永七年（一七一〇）の浮世草子『御《ご》入《にゅう》部《ぶ》伽羅《きゃら》女《おんな》』の挿絵です。大阪生玉神社前で、「当世しかた物まね米沢彦八」と看板があって、片肌脱ぎの彦八が熱演しています。浮世草子の筋とは全然関係おまへんのやけど、本が書かれた時分、生玉前のにぎわいが評判やったんで、その絵をぽんと入れたんでしょう。よう残ったなあ、とつくづく思います。

初代・桂文治[2]は、東西の桂派の祖で、上方落語中興ともいわれます。その似顔絵が中之島図

『臍の宿かえ』に掲載された桂文治の肖像
（『日本の古典芸能9　寄席』平凡社　昭和46年）

書館が三重県の古書店から購入した咄本《はなしほん》『臍《へそ》の宿かえ』（文化九年〈一八一二〉）に載ってましたんや。全五冊やのに、一巻目が欠けた本でした。描いたのは浅山芦国《あしくに》。[3]役者絵とか、似顔絵がとっても上手やという絵描きで、肖像は生き生きとしてます。文治の絵はね、長谷川貞信[4]が描いた絵が知られてましたけど、貞信はずっと後の人。芦国は同時代の人ですから、より本物に近いはずです。

それから、初代・露の五郎兵衛[5]についての記述が、後水尾天皇のご息女の内親王の日記に出てきました。二代目・米沢彦八[6]のことは、本居宣長[7]の宝暦六年（一七五六）の京都遊学中の日記に載っています。どちらもほとんど知られてませんでした。以前、病気療養していた時分に書き写したんですが、写したことも忘れてましてん。それがひょいと出てきました。そんな新発見を盛り込んで、原稿にしました。自分でゆうのもあれですけど、ええもんが書けた、と思います。周囲の評判もよく、激励の手紙をいただいたことも覚えています。ただ、高いお金を出して買うた『上方はなし』は、ほとんど使いませんでした。

1　江戸時代中期の上方の落語家、没年は一七一四年とも。豊笑堂と号し、役者や大名の物まねが得意だったらしい。上方落語協会が毎年九月に開く「彦八まつり」はこの人にちなむ。

2　没年は一八一六年頃。大阪の坐摩《ざま》神社境内に初の常打ち寄席を開いた。

3　江戸時代後期の大阪の画家、没年は一八二〇年頃。

4　大阪の浮世絵師、一八〇九〜七九年。

5　没年は一七〇三年。上方落語の祖といわれる。元は僧侶。京都を中心に活躍した。

6　〜一七六八年?。初代との関係は不明だが、京都で活躍。

7　国学者、一七三〇〜一八〇一年。

『日本の古典芸能』（平凡社、一九七一年）の「寄席」編には、関西の執筆者が私のほかに二人いました。『上方落語の歴史』を出してはった前田勇先生と、落語家の桂米朝さんです。三人の顔合わせが、クラブ関西[1]でありました。もちろん米朝さんの名前は存じていましたけど、お会いしたのはこの時が初めて。噺《はなし》はお聞きしたことなかった。米朝さんにしてみたら、私みたいなもん、何者や、というような感じやったと思います。そうですわな、私は図書館の司書、それも嘱託です。末席で小さくなってました。

米朝さんの武庫之荘[2]のお宅におうかがいしたのは、昭和四十四年（一九六九）の夏頃だした。

「寄席」に載せる上方落語研究の手引きを作るのでお教えを請いたいと申し上げたら、「いっぺん家においで」と。お持ちの上方落語の資料を色々と見せていただきました。ご自身もお好きやったさかいね。びっくりしたのが、雑誌『大福帳』[3]の明治四十一年（一九〇八）の二月号、四月号の「落語の巻」。上方落語の速記が十八も載ってますんや。その中に「稲荷俥《いなりぐるま》」もありました。この速記をもとに、米朝さんは噺を復活されたのやと思います。

「寄席」が出てから、米朝さんも少し、私のことを見直してくれはったんやないでしょうか。[4]初代の米沢彦八、桂文治の肖像とか、これまで知られてなかった上方落語の資料を見つけてきたということでね。色々と親切にしていただきました。大阪のサンケイホールで開いてはった独演会には、ずっとよんでもろてました。番組《プログラム》に書かせてもらったことがあります。「土橋《どばし》万歳」という噺があります。難波にあった土橋[5]のところで、道楽息子と番頭が大喧嘩《おおげんか》する場面があるんです。どんなとこやろか、と思ってたらね、西山完瑛《かんえい》[6]という、幕末から明治の絵描きの写生帳に絵がありましたんだ。米朝さんにお見せしたら、「ああこれは珍しい」と。このネタをかける時に書いとくなはれ、と頼まれました。平成になる直前の昭和六十四年、正月公演のプログラムに載ってます。

1　一九四八年創立の一般社団法人。大阪市北区堂島浜。
2　兵庫県尼崎市。米朝さんは二〇一五年三月に亡くなるまで、住んでいた。
3　毎日繁昌社発行。

4　のちに米朝さんは筆者に関して、「どんな本や資料があるかという事に関して、あの人から出てくる言葉は留まるところを知らないです」と紹介した。（『肥田せんせいのなにわ学』ＩＮＡＸ出版＝現・ＬＩＸＩＬ出版、二〇〇五年）
5　大阪・難波入堀川にかかっていた橋。
6　四条派の画家、一八三四〜九七年。

昭和六十二年（一九八七）か六十三年でしたか、桂米朝さんから手紙が届きました。弟子の朝丸《ちょうまる》さんが、ざこば[1]に襲名される時です。「襲名披露のプログラムに、名前の由来を書いてやってくれませんか」と、丁寧なお手紙でした。愛弟子《まなでし》を大切に思っていらっしゃったんでしょうね、私みたいな者にも、辞を低うしてのご依頼でした。当時、「ざこば」が魚市場を指す古い言葉や、ということを、大阪の人はすっかり忘れてたと思います。

初代ざこば[2]は上手な人やったらしいですが、亡くなってから久しい。でも、この威勢のいい語感が、新しいざこばさんに、実にふさわしい。そういうお祝いの文を書かせていただきました。披露公演にもお招きいただきました。その時に聞かせてもらった「崇徳院《すとくいん》」[3]、ほんまによろしおました。

私は上方落語の歴史には興味があって、資料は集めてましたけど、噺《はなし》そのものには詳しくなかったんだ。落語のことを深く話をすることはなかったように思います。ただ、資料については、突っ込んで話をさせていただくことはありました。米朝さんはたくさん本を出しておられます。その中で、割に私の名前が出てますんや。[4] 私の覚えのないものも、「肥田から聞いた」ゆうて、米朝さん書いて下さっています。ある時ね、駸々堂《しんしんどう》が出していた『百千鳥《ももちどり》』[5]とゆう雑誌を入手しました。全部で二十四冊のうち、十八冊出たんです。講談が主ですけど、落語の速記も少し載ってまんねん。米朝さんに「百千鳥、揃《そろ》えやないけど持ってます」というと、米朝さん顔色変わったんです。「すぐにでも拝見したい」とおっしゃりました。お持ちすると、曽《そ》呂利新左衛門《ろりしんざえもん》[6]が連載していた「解けやらぬ下関水」[7]という古い演目を全部、写しはりました。上方落語の復活につなげるために、滅びた演目にものすごく注意してはったんです。

米朝さんは、皆さんおっしゃるように、ほんまにええお人柄でね、偉ばることもちっともあらへんしな。初めて仕事をした時から親切にしていただきました。本当にご恩に思っています。

1　一九四七年生まれ。六三年に桂米朝に入門、当時は朝丸。八八年に二代目ざこばを襲名した。
2　一八六六～一九三八年。
3　上方落語の演目のひとつ。
4　『続上方落語ノート』（青蛙房、一九八五年）など。
5　明治二十二年（一八八九）創刊。落語や講談などの演芸の速記を主とした雑誌。
6　一八四二～一九二三年。二世を名乗り、「にせ」と読ませた。
7　上方落語の長編人情噺。

上方落語について資料を集め始めたのは、昭和四十二年（一九六七）です。五代目笑福亭松鶴[1]が自費出版した雑誌『上方はなし』[2]の四十九冊を、大阪・阿倍野の古書店で買うたんが、最初です。『上方はなし』は毎号必ず、落語の速記を載せてますし、古老の昔話なども収録してます。上方落語史の研究には、最高の文献です。私は大阪のことは何でも好きで、たいていのことは心得てたつもりでしたけど、こんな雑誌があることは、それまで全然知りませんでした。

落語のことを知りたいという気持ちがあり、目録で見て、買いました。当時で一万五千円。分不相応な、大変な値段です。どうやってお金を工面したか、もう覚えてまへんけど。『上方はなし』がまとまって古書市場に出ることは、珍しいことらしいです。これを買うたおかげで、『日本の古典芸能』の執筆を引き受ける気になったんですから、運がよかったと思います。

今でも落語関連の資料の収集は続けてます。毎日毎日、古書店から送ってくる目録を、熱心にみてますねん。この間も、東京の本屋へ注文しました。明治八年（一八七五）の大阪の浄瑠璃の大夫や、役者の番付表です。隅っこのほうに「昔はなし」とあって、落語家の名前が入ってます。昔いっぺん見たことがあり、欲しかったんですが、それがやっと出たと思てね。昔、先生して月給もろてる時分は[3]ね、入るお金は、ほとんど本につぎ込んでいました。幸い、そんなに高いもんはあらしまへんけど。しかしね、最近は出ないんですわ。もう品物がほとんど出ないんですよ。

平成八年（一九九六）に、これまで入手した落語関係の資料、書籍のほか、番付、興行ビラとかを、「大阪落語資料収集三十年」と題して、購入日、値段、古書店の名前もつけて一覧表にまとめました。[4]その時から資料はもっと増えています。そろそろ、五十年ですな。「資料収集半世紀」を作ってみまひょか。

1　上方落語家、一八八四〜一九五〇年。大阪・今里の自宅を「楽語荘《らくごそう》」と名付け、若手の育成に努めた。六代目松鶴の父。

2　上方落語の将来に危機感を持った松鶴が私財を投じ、一九三六年発刊した。紙不足で、四〇年に四十九号で終刊する。

3　筆者は一九七九年から関西大学文学部非常勤講師、八四年から九〇年まで同学部教授。

4　『芸能懇話第二十号　特集肥田皓三坐談《ざだん》』（大阪芸能懇話会、二〇〇九年十一月）の巻末に収録。

19　上方落語

藤沢桓夫

藤沢桓夫《たけお》[1]先生のお話をしたいと思います。育ちはったのは大阪市南区竹屋町（現中央区島之内二）。私と同じ、島之内の道仁小学校校区でした。商家が多いところですが、藤沢先生のところは、学者の家系です。みんな、尊敬を持って接していたと思います。私のところは、父親がわりと文学好きでございまして、藤沢先生のご本も買うてました。

四つ違いの兄が興味を持ったのか、中学生の頃、父親の書斎から藤沢先生の本を持ち出しては、自分の本棚に並べていました。そやから私も、小さい時から先生の本にはなじんでいました。

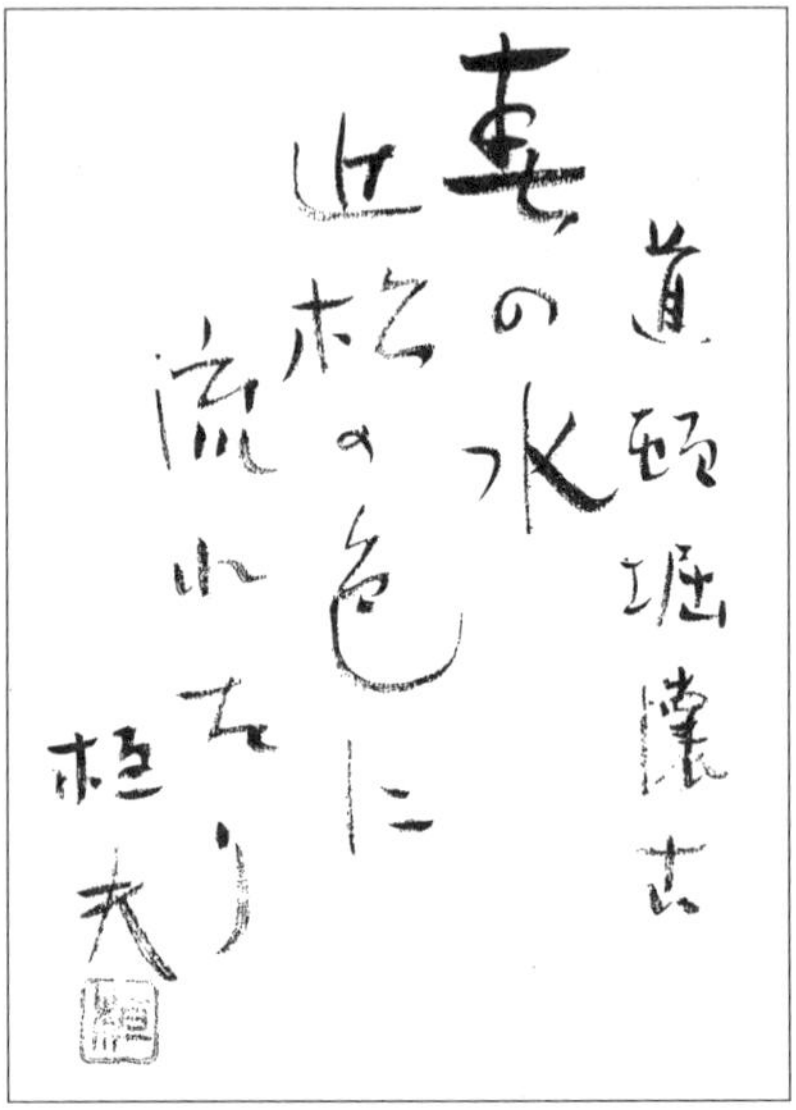

藤沢桓夫自筆の俳句（筆者に贈られたもの）
道頓堀懐古
春の水 近松の色に 流れたり　恒夫

『大阪五人娘』[2]ちゅう先生の小説がございます。私が初めて読んだ大人の本でした。書き出しが、島之内教会[3]ですねん。私らよう知ってる、身近な場所です。恋愛小説やったので、筋のことはようわからへんでしたけどね。小学校四年か五年の時ですわ。その翌年くらいですかな、「新雪」[4]の新聞連載が始まりましてん。これはね、家中で毎日楽しみに読みました。明日はどないなるやろ、てね。これは、作者が藤沢先生やということで、家中で特別の親近の気持ちを持ってましたから。

「新雪」は昭和十七年（一九四二）に、映画になりまんねん。五所平之助[5]監督。主演が水島道太郎[6]で、蓑和田《みのわだ》良太役です。新聞連載中、ものすごく評判がよかったらしいですわ。あれが映画になると聞いてね、子どもながら楽しみでした。でも、戦時中で、子どもが見てええ映画が一般映画、見たらあかんのは非一般映画と、文部省の査定がありました。恋愛映画はみんな非一般ですねん。子どもが見たらあかん。私は小学生やから見られへん。ほんまに残念やった、見られないちゅうのは。

それでだんな、平成になってから、ロシアにフィルムが残っていることがわかったんです。それを逆輸入してね、宝塚のホールで上映会[7]があって、やっと見ることができました。この映画たいしたことない、といわはる人は、割と多いですわ。でもね、私は、子どもの時に見損ねたからね。六十年越しで見たいと思っていたので、ほんまによかったと思ってます。

1　昭和時代の大阪を代表する作家、一九〇四〜八九年。新感覚派、プロレタリア文学、都会的な大衆小説、と作風を変え、著作は二百冊を超える。大阪・住吉に居を構え、大阪文壇の大御所的存在として、多くの作家に慕われた。熱烈な南海ファン、将棋ファンとしても知られている。
2　一九四〇年出版、新潮社。
3　大阪市中央区東心斎橋。
4　単行本は一九四二年出版、新潮社。
5　映画監督、脚本家、一九〇二〜八一年。
6　俳優、一九一二〜九九年。
7　二〇〇四年四月二十七日に兵庫県宝塚市のソリオホールで開かれた。

戦後まもなくね、藤沢桓夫先生は、「彼女は答える」[1]という小説を新聞に連載されました。書き出しなんて、びっくりするぐらい面白い。ほんまに上手でした。そやけど、その時分から、私が生意気になっていきますんや。旧制中学四年か五年、新制高校に変わる頃です。芥川龍之介[2]とか森鷗外[3]、夏目漱石[4]、永井荷風[5]なんかを読むようになって、藤沢先生の本から離れてしまいました。ええ小説やねんけど、やっぱり恋愛小説は、私には関係ないと。そやから、戦前はともかく、戦後は藤沢先生の熱心な読者やなかったんです。ただね、大阪で何か出来事があったら、悲しいこと、うれしいことでもね、新聞に必ず藤沢先生の談話が出まんねや。だから先生の存在は、ごく身近なものでした。

時々、気にはしてました。たとえば、『大阪　我がふるさとの…』[6]。田村孝之介[7]の絵が入って。藤沢先生の大阪に関する、より抜きの随筆が入ってました。これは買うて、持ってました。ええ本でした。田村孝之介は大阪・船場生まれで、表紙の絵は夏祭りの風景です。ここの幔幕《まんまく》のすきまから、ぼんぼんが女の子の通るところをのぞいてまんねん。この絵が好きやった。

昭和五十年（一九七五）、先生が古希を迎えはったんです。その記念にね、先生がずっと書いてこられたものを整理して差し上げたい、そんなふうに思いました。関西大学の図書館で非常勤嘱託をしていた頃です。ただね、随筆とかを含めた全作品目録というのは、とても難しい。無理なんですわ。雑誌や新聞に載った随筆なんかは、数え切れんほどあって、発表誌を全部探すというのはとても無理です。やりたい、という気持ちはありまっせ、けど、これはとてもできない。そやから、出版された書籍の著作目録を作ろうと思いました。戦前の作品は、だいたい覚えてますねん。そやけど、正確な発行年月になったらわかりません。兄が持っていた本は、昭和二十年三月十四日の空襲で、全部焼けてしまいました。その後も買い集めるということはしてません。本は手元に一冊もありませんでした。さて、どうするかなあと。

23　藤沢桓夫

1　一九四八年出版、ロッテ出版。
2　作家、一八九二～一九二七年。
3　作家、一八六二～一九二二年。
4　作家、一八六七～一九一六年。
5　作家、一八七九～一九五九年。
6　一九五九年出版、中外書房。

7　洋画家、一九〇三〜八六年。大阪市生まれ。小出楢重《こいでならしげ》に師事。四七年、二紀会創立に参加、その後、理事長を務める。

色々な図書館を当たりました。でもね、どこもたいしておまへんねん。埒《らち》があかんのでね、『出版年鑑[1]』と『文芸年鑑[2]』を調べることから始めました。昭和二十五年（一九五〇）から五十年までは、ほぼ拾えますんや。藤沢さんの書物、昭和五年の処女作『生活の旗[3]』からその時までの、著書のだいたいのアウトラインがつかめました。ただ、戦後間もない二十〜二十三年だけは、年鑑が出てない時期がありますねん。

図書目録作る時にはね、書名、発行所と、次に発行年なんですけどね、やっぱり年月日まで入れたい。それは実際に本を見ないと書き込めないんです。関西大学で親しくしていただいていた谷沢永一[4]さんに相談しました。するとね、「藤沢先生のところで本を見せてもろたらええねん。一緒に行きまんがな」とおっしゃっていただきました。そんなこと思いもよらなんだです。それで、それまで調べたリストをけい紙に清書して、藤沢先生に「ここまで調べました。でも発行日を入れることができない。先生のお持ちのご本で調べさせていただけませんか」と手紙を書きました。

「来てくれてもええ」とお返事いただき、谷沢さんと住吉のご自宅[5]におうかがいしました。お目にかかるのは、その時初めてです。ただ、先生はうちの家は知っていて下さった。同じ小学校区内の肥田の一員やいうことでね。お宅には、渡り廊下とか、先生の著作だけではなく、色々な本が積んである場所が全部で三か所ほどございまして、「こことここに積んであるさかい、見てくれるか」と言われて、谷沢さんと作業を始めました。事前に「書名」「出版社」「発行年月」「定価」「装丁者」を書き入れたカードを用意してました。藤沢先生の本があれば、カードをはさんでいきます。調べ終わると、はさんだカードを取り出して、照合します。それで「日」と「ページ数」を書き入れていきました。ざっと二時間ほどかかりましたかな。二百枚カードを用意して、本と照合できたのは百五十枚くらいでした。

1　日本の出版物の年鑑。戦前から発行の記録がある。一九五一年から『出版ニュース』（東京）が編集、発行を続けている。

2　「日本文芸家協会」の編集で一九四八年に第一号が出た。現在は新潮社が発行している。

3　一九三〇年五月十五日出版、天人社。

4　文芸評論家、関西大学名誉教授、一九二九〜二〇一一年。専門は日本近代文学で著書は多数。保守派の論客としても知られた。

5　大阪市住吉区上住吉。小出泰弘設計。「西華山房」と呼ばれ、大阪在住の多くの作家らが集まった。

昭和五十年（一九七五）五月、「藤沢桓夫先生著書目録」が完成しました。藤沢先生は「先生はいらん」とおっしゃったんだ。そやけど、私は呼び捨てにできませんでしてん。[1]先生の本には後書きがついているのもあります。作品を書かはった時のお気持ちとか、作品の意図とか

藤沢桓夫さんの45年

大阪描いて200冊

谷沢教授らがリスト作り

傷だらけの歌	昭和5年
花粉	昭和12年
大阪五人娘	昭和15年
新雪	昭和17年

思い出せぬ本も 藤沢さんしみじみ

目録の完成は当時、『読売新聞』の記事でも大きく扱われた（昭和50年6月14日都市圏面）

を、簡潔に書いてはります。これを、目録に入れることにしました。本の名前だけの無味乾燥の羅列がね、幾分かでも和らぐのやないかと思いましたんや。

目録は、当時私が所属していた研究会「混沌会」[2]の機関誌『混沌《こんとん》』の第二号に載せていただきました。抜き刷りを五十冊ほど、いや百冊ほどかな、先生のところにお持ちしました。しばらくして、雑誌『大阪春秋』[3]の編集者の方が、うちも載せたいと来られた。ただ、判の大きさが違うんです。体裁を変えるのは大変や。このまま載せてほしいけど、隙間ができる。そこに、私と谷沢先生で注を入れました。それから付録としてね、武田麟太郎[4]と長沖一《まこと》[5]という、先生の二人の親友が、本の序文として書いた文章を入れました。それから、小学校の百周年誌に幼い頃のことを書いておられたので、これも。『朝日新聞』に載った「わが小説」という文章も採録してます。

先生は喜んでくれはったと思います。「こんなもん作ってもろた」ゆうて、古いお友だちなんかに配ってはったみたいです。その後、先生の七十七歳の喜寿のお祝い[6]で、ご自宅の近くの料理屋にお招きいただきました。司馬遼太郎さん、田辺聖子さんと同じテーブルに、谷沢さんと私をつかせてくださった。上席です。恐縮しました。目録作った功績があったからでしょうかな。

目録から抜けていて、新たに見つかった本は十冊くらいです。最初に作ったものが案外、しっかりとしたもんやったということです。でもね、やっぱり、昭和二十二、二十三年が抜けている。今でも古書目録で藤沢桓夫の名前を見たら、ぱっと反応しまっせ。そやけど、ほとんど出ませんねん、藤沢先生の本は。一冊でも見つけたらね、そら、ほんとにうれしおます。

1　ただし、『大阪春秋』に掲載された二〇一四年改訂版からは敬称を略した。

2　大阪文芸史の研究会。

3　大阪郷土研究誌、発刊は一九七三年。年四回の季刊誌で、現在は新風書房（大阪）が発行。

4　作家、一九〇四～四六年。府立今宮中学で藤沢桓夫と知り合い、同人誌『辻馬車』に加わる。代表作に「日本三文オペラ」など。

5　作家、一九〇四～七六年。旧制大阪高校で藤沢と同級。三五年に吉本興業に入社。終戦後は放送作家としても活躍した。

6　一九八一年七月十二日、料亭「本みやけ」で開催。発起人は司馬遼太郎、杉山平一ら。

藤沢桓夫文学碑を訪れた筆者
（大阪市住吉区）

藤沢桓夫先生について、こんなことも思い出しました。大正十年（一九二一）、わたしの叔父の昌三[1]が今宮中学[2]五年生の時、書いた脚本が宝塚歌劇に採用されましてん。あの頃、素人の作品でも取り上げてましたんです。当選したというのが新聞にでも出たんでしょうね。昌三は手紙や雑品とか、丁寧に残していてね、死んだ後、調べていたら、藤沢先生のはがきが出てきたんだ。先生は今宮中で昌三の一学年下でんねん。お祝いに続けて、「僕たちも頑張ろう」というて書いてある。当時から、文学の方面に関心をお持ちやったんでしょうね。はがきは、大阪府立中之島図書館にお渡ししてます[3]。これが、藤沢先生直筆の、おそらく現存で一番古い手紙です。

この間、先生のご自宅の跡地に、文学碑[4]が出来ました。行ってまいりました。初めてお宅におうかがいして四十年たってます。今はコンビニになってます。この辺に玄関があって、応接間はこのあたりやったたな、向こうに書斎があったんやな、と思い出しました。織田作之助の文学碑[5]は藤沢先生が骨折って作った。でも先生ご自身の碑は、これが初めてです。色々な人のご尽力でようやくできました。

藤沢先生は昭和の大阪を代表する作家です。新聞はもちろん、雑誌、週刊誌の大手のマスコミで、先生の小説が載らなんだところは、ありまへん。こんな作家は、他にはいてはりまへんで。ずっと大阪を離れずにいて、中央の文壇からは距離を置いてはりました。でも、大阪で作家活動しはる人の道を開きはった。田辺聖子、藤本義一、司馬遼太郎、みんなに影響してます。どの作品を読んでも上手ですし、面白いですわ。だれにでもわかる、日本語として永遠に生きる文章と思います。それに、都会派です。昭和十年代の大阪の土地や女性の風俗が、まざまざと目の前に現れてきますわ。しゃれた洗練された小説です。もっと読まれてもいい、ぜひ読んでいただきたい作家です。そやのに、著作はどれもほぼ絶版。古本でもなかなか手に入らない。出回らんのですわ。それがほんまに残念です。

1　肥田昌三、一九〇三〜六九年。大阪高等商業学校卒業後、家業の金融業に従事した。
2　一九〇六年創立。現在の大阪府立今宮高校。
3　中之島図書館の「藤沢文庫」は、書籍や書画など三千点で構成。書簡は計四百八十二点。
4　正式には、藤沢桓夫邸「西華山房」跡顕彰碑。藤沢さんの長女、章子《あやこ》さんが施主、大阪文学振興会が企画、監修に携わり、二〇一五年三月に建立された。
5　織田作之助十七回忌を機に、藤沢さんらが発起人となり、大阪・法善寺横丁に一九六四年に建立された句碑。「行き暮れてここが思案の善哉かな」。

織田作之助

昭和十五年（一九四〇）、織田作之助[1]の初めての本『夫婦善哉』が大阪の創元社[2]から出ました。父親が、わりに文学が好きでして、熱心に本を買うて読んでました。『夫婦善哉』の本を私らに見せてね、大阪の作家や、藤沢桓夫さんに次ぐ大阪の作家が出現した、ゆうて、喜んでたのを覚えてます。なんちゅうても、『夫婦善哉』だっさかいなあ。法善寺横丁の、本当に見慣れた場所で、私ら、しょっちゅう前を通ってました。たいてい、「湖月」という別のぜんざい屋に行ってましたんで、夫婦善哉屋に入ったことは、一回しかおまへんでしたけど。

織田作之助『夫婦善哉』

本の装丁も、田村孝之介[3]が描いてはる。子どもの頃から慣れた景色です。しかも、題字は藤沢先生。子供心にも、嬉しいような、誇らしいような気持ちでした。短編集です。それまでに書いた作品を入れてるんですわ。私が持っている本は、九月五日発行で十一刷です。八月十五日の初刷からたった二十日でっせ。ほんまによう売れたんでしょうな。

私が中学生一年の時やさかい、昭和十八年ですか、『わが町』[4]と『清楚』[5]が出ました。『わが町』は面白かったです。最後の、大阪・四ツ橋にできたばかりの電気科学館のプラネタリウムで、「ベンゲットの他《た》あやん」が亡くなるシーンね、上手な設定やなと思いました。

「清楚」も新聞の連載で評判になりました。十九年には、これと「木の都」[6]を原作にした映画ができました。川島雄三[7]監督、佐野周二[8]、田中絹代[9]主演の「還って来た男」です。この映画は封切りの時に見ました。舞台のレコード屋さんはセットでしたな。見てもすぐわかる、安物のセットでね。子どもの目にもちゃちやなあ、と思いました。戦争中でしたけど、大阪でロケーションもおましてね。松屋町筋をマラソンで、佐野周二が走るシーンがあるんです。あの頃は中学に通うのに、松屋町筋はよう歩いてましたからな、そのロケのこともはっきりと記憶に残ってます。

1　作家、一九一三〜四七年。大阪生まれ。旧制三高を中退、新聞社勤務のかたわら、小説を執筆、「俗臭」が芥川賞候補となる。戦後は「無頼派」の一人として精力的に執筆活動を続けたが、『読売新聞』で「土曜夫人」を執筆中、体調が悪化し、東京で亡くなった。
2　一九二五年に創立された大阪の出版社。
3　大阪出身の洋画家、一九〇三〜八六年。

4　一九四三年四月出版、錦城出版社。
5　一九四三年九月出版、輝文館。
6　一九四四年三月、『新潮』に発表。
7　映画監督、一九一八～六三年。「還って来た男」が監督デビュー作。
8　俳優、一九一二～七八年。
9　女優、一九〇九～七七年。

中学一年生の頃から、織田作之助を集中して読みました。昭和十六年（一九四一）、十七年と、よう書いてますなあ。この頃、一枝さん[1]と結婚して間もない頃でっしゃろ。オダサクはうれしかったやろね、こうして流行作家になって。登場する人物はみんな、大阪の人でね。それもよかったです。私らが住んでいた島之内と、ほん近いところやけれども、まあ、全然違う。そこが、よけいに面白かったです。

中でもね、『夫婦善哉』に収められていた「探し人[2]」ですな、これにはうたれましたな。今でもオダサクの作品の中で一番、好きです。主人公は、オダサクの生家[3]のあたりに住む新吉と芳枝の幼い兄妹。実のお母はんが亡くなってね、継母にいじめられてます。ある日、近所のおっさんから、死んだ母親と自分ら兄妹の三人で写した写真が千日前の写真館に出ていることを聞いて、妹の手引いて行きまんねん。当時、千日前は写真館がものすごう多かったんです。戦前はカメラなんか持っている人は、ほとんどない。千日前に来た時に、記念で写真を写すんですわ。たいていが、一階がほかの商売で、二階がスタジオでした。私らもよう知ってますねん。新吉が芳枝と一緒に見に行ったら、二階への階段の横に見本の写真がある。お祭りの日、亡くなったお母はんと兄妹三人で写した写真です。お母はんは白い着物着て、二人の肩に手をやってますねん。

それからな、毎日毎日、往復一里の道を通います。ある時、見に行ったら写真店の人に見つかって、「何さらしてけっかんねん」とどなられます。「そない怒ったかて、おっさん、でもこれわいらの写真や」とゆうんですけどね、翌日に行くと、写真が姿を消してた。すごすご帰って生玉《いくたま》さんで、[4]芳枝と二人で泣きます。こんなシーンです。――泣け、泣け。なんぼでも泣け。継母に苛《いじ》められて泣くんやったらあかんけど、お母《かあ》んのことで泣くんやったら、構へんぞ、なんぼでも泣け。今、読み返すと、短い小説の冒頭のほんの一ページか二ページです。でもね、中学一年で読んでから、もう七十年以上になりますけど、この場面だけはずっと胸に残っているんです。

1　旧姓・宮田、一九一三～四四年。京都のカフェ「ハイデルベルヒ」に勤めていた時に知り合う。結婚は三九年七月。
2　一九四〇年八月、『週刊朝日』に初出。
3　大阪市南区生玉前町（現天王寺区生玉前町）で誕生。五歳の時、同区東平野町（現同区上汐）に移る。

4　大阪市天王寺区。正式名称は生國魂《いくくにたま》神社。

昭和二十年（一九四五）八月、戦争が終わって、ほん間もなく、織田作之助の「十五夜物語」[1]の新聞連載が始まりました。それを毎日、切り抜きしたんです。配達がない日もあったんで、一回か二回かは抜けましたけど。戦後、大阪や京都では、新しい新聞や雑誌が、ものすごう出たんです。そこにオダサクは色々と発表するんですわ。たとえば、『新生日本』という十六ページほどの薄い雑誌でしたけど、ここに「終戦前後」[2]を書きます。そのほか、ざっとあげていきますと、「六白金星《りくはくきんせい》」[3]は『新生』に書いてます。「アド・バルーン」[4]が載ったのは『新文学』です。この作品は今も人気ありますな、戦前の大阪を書いていて。それから「世相」[5]を『人間』という雑誌に書いてます。「二流文楽論」[6]と、志賀直哉にかみついた「可能性の文学」[7]は『改造』です。ほんまにものすごい勢いで、小説やエッセー、評論を次々と書いていきます。

とにかくね、この頃、オダサクが載っていたら、雑誌でも新聞でもできるだけ買って読もうと思っていました。新聞連載なら、『京都日日新聞』に「それでも私は行く」[8]、『大阪日日新聞』に「夜光虫」[9]とか。その時分、私は豊中の曽根にいて、阪急宝塚線で中学校に通っていました。梅田の駅の、車止めのところに、新聞や雑誌の売り場がありました。京都の新聞まで売るんですわ。買える日は買うんですが、自分が行けない時は、兄に頼んだりしたりね。読みたかったんです。『りべらる』という雑誌が出ましてな、「怖《おそ》るべき女」[10]の連載が始まる。『婦人画報』

も復刊されて、「夜の構図[11]」の連載が始まる。読みたいんだ、読みたいんですけど、高いんです。ほかの雑誌に比べて。これはよう買わなんだです。悔しかったですわ。

　こないしてね、一生懸命読みました。終戦から翌二十一年のオダサクの作品はだいたい六十いくつあるそうです[12]。そのうちで、数えてみると、三十四編を発表と同時に、掲載紙を手にして読んでます。好きでね。買うた雑誌、新聞記事は切り抜いて、持ってました。十六歳の少年にしては、まあよくやったと思います。

1　初出は一九四五年九月。
2　一九四五年十一月。
3　一九四六年三月。
4　一九四六年三月。
5　一九四六年四月。
6　一九四六年十月。
7　一九四六年十二月。
8　一九四六年四月～七月。
9　一九四六年五月～八月。
10　一九四六年十月～四七年二月。
11　一九四六年五月～十二月。
12　『織田作之助文藝《ぶんげい》事典』（浦西和彦編、和泉書院、一九九二年）による。

戦後、次々と作品を書いていた織田作之助が突然、亡くなりました。『読売新聞』に連載していた「土曜夫人」[1]の取材で上京して間もなくでした。昭和二十二年（一九四七）の一月十日です。ショックでした。何日かあと、新聞に黒枠の死亡広告が出て、告別式が「楞厳寺《りょうごんじ》」[2]であると書いてましたんや。当時、通っていた大阪府立高津中学（旧制）のすぐ近くです。オダサクも高津中出身で、楞厳寺のご住職[3]も同級やったらしいですな。その時は知らなんだけど。授業はあったと思いますけど、最初から学校は休むつもりでした。一人で行きました。寒かったんでね、亡くなった親父《おやじ》の国民服が焼け残っていたんで、それを着てたと思うねん。割と仕立てのええ服でした。それから、これも親父のオーバーコートを着て、学生帽をかぶっていたと思います。

お寺も焼けはったんで、仮建《かりだ》てやった。私、告別式の間、本堂の座敷で座ってました。多分、隅の方から上がり込んだんやと思います。モーニング姿の藤沢桓夫さんが、弔辞読まはった。藤沢さん、やむを得ずお引き受けになったけど、こういうのは本当はお嫌いなんですわ。でもね、オダサクは藤沢先生の弟分みたいなものでしたもん。出版社の世話から何から、藤沢さんのお声かかりで、世に出たんですから。

祭壇に太宰治[4]、坂口安吾[5]、林芙美子[6]の花が飾ってありました。途中で高津中の新聞部が三人、入ってきて焼香したのも記憶しています。帰りしなにな、喪主の竹中国治郎[7]名の「ご会葬御礼」もいただきました。これも長い間持ってたんだ。死亡広告の切り抜きと、死亡記事と、み

オダサクの作品が掲載された
『大阪文学　織田作之助研究』

んな持っていたんですけどな。

告別式に行ったのは、オダサクが大好きやったからです。ただ、お弔いをしたいという敬虔《けいけん》な気持ちというよりは、興味本位のところが強かったですな、正直申し上げて。中学の先輩やから、というのもあんまり関係なかった。年で十七違いますさかいにな。先輩にオダサクがおると知っていた生徒は少なかったと思います。

1　一九四六年八月から十二月まで九十六回にわたって『読売新聞』に連載したが、未完に終わった。

2　大阪市天王寺区城南寺町にある。告別式は一九四七年一月二十三日に営まれた。

3　田尻玄龍住職、一九一四～二〇一〇年。織田作之助と高津中学の同級生。

4　作家、一九〇九～四八年。

5　作家、一九〇六～五五年。

6　作家、一九〇三～五一年。

7　作之助の姉、タツの夫で、義兄にあたる。告別式の喪主を務めた。

織田作之助が亡くなり、当たり前のことですが、新しい作品は出ない。惜しいことです。オダサクが新聞や雑誌に書いた文章の切り抜きは、大事に持ってましたんや。昭和四十一年（一九六六）のことです。河原義夫[1]さんと知り合いました。雑誌『大阪文学』を復刊して、『織田作之助研究』を出したいということでした。

その時に、切り抜きを資料として、お渡ししました。三号くらいからオダサクの作品が載るようになりました。創刊が四十一年で、三年間で十冊ほど出ました。私が切り抜きを提供してここに載ったんが、「荷風の原稿」[2]「注射」[3]「雨の都」[4]「西鶴の読み方」[5]「四つの手記」[6]「京阪神食道楽失格」[7]。コントやエッセーがほとんどですが、重要なのは、「雨の都」と「四つの手記」。未完の長編小説の書き出しの部分です。

ここに載せましたのでね、このあとの講談社の全集[8]に全部入るんですわ。私の切り抜きによっているのは間違いないです。大阪文学に載ったものがみんな講談社の全集に載ってますねん。大阪文学に載ったものは、私が提供したもんですから。

散逸して、伝わってない文章のことを「佚文《いつぶん》」ていいます。オダサクの場合、本になってない、発表したきりのエッセーや小さい評論の類は、なんぼでもあると思うねん。その一部は何とか救うことができたと思ってます。でも、もっとあるはずですねん。私が知っているだけで三つ。戦争中の文学座のパンフレットには「わが町のお座敷芝居」が載ってます。松竹座のプログラムに「松竹座と大阪文化」がありました。戦後すぐに出た雑誌『スクリーン&ステージ』では、オダサクが「真夜中でも映画を上映せえ」と深夜劇場のことを書いていたのを覚えてます。オダサクらしいですな。

佚文を見つけるのは偶然が頼りです。根気のいる探索しかありません。オダサクを好きな人はようさんおますけど、そういうことをやろうというのは少のうおますな。短いもんでも、オダサクやったら、今でも読みたいと私は思っているんです。

1　大阪文学の研究家、一九一一〜七五年。
2　『時事新報』一九四六年一月二十日。
3　『夕刊新大阪』一九四六年三月三日。
4　『スタート』一九四六年五、六月号。
5　『大阪時事新報』一九四六年七月十七日。
6　『国際女性』一九四六年九月号。
7　『ＫＯＫ』一九四六年十月号。
8　『織田作之助全集』全八巻。一九七〇年に出版。

石濱恒夫

大阪の作家ということであれば、石濱恒夫《いしはまつねお》[1]さんを忘れるわけにはいきません。戦後出た文芸雑誌の『文藝往来《ぶんげい》』[2]の昭和二十四年（一九四九）二月号で、石濱さんが「みづからを売らず」を発表します。それから、同年の文芸誌『人間』[3]八月号に「ぎゃんぐ・ぽうえっと」が載ります。どちらもええ雑誌です。兄と私は、熱心に読んでましてん。「ぎゃんぐ・ぽうえっと」は、大阪のミナミの焼け跡を、うろうろする不良少年を描いてます。私らと同じです。びっくりだ。こんなん書くわ、思て。

編集後記には「故織田作之助が縦横に描出した戦後の大阪風景を、それにもまさる奔放な個性で、万華鏡のごとく多彩に織り上げ、醇然《じゅんぜん》たる詩情で、そこにある青春を奏でている」と書いてありました。こんなん破格だっせ。私らは大阪にいてて、オダサクの後を継ぐ新しい作家が誕生したんか、と興奮しました。書いてるんが、私が大好きなミナミのことです。うれしかったです。我が身同然という感じでした。お聞きすると、東洋史学の石濱純太郎[4]さんのご子息で、藤沢桓夫先生のいとこやそうだ。ますます、ファンになりました。

ただしね、この方、最初から寡作でした。昭和二十五年に「ジプシイ大学生」を『人間』に発表します。続いて出したんが二十八年の「らぷそでぃ・いん・ぶるう」。これは芥川賞の候補になりました。ええ作品ですわ。「焼け跡のポエジー」とでもいうんですかね。大阪の戦後文学作品として、とても貴重なものです。けどね、石濱さんといえば、この四作と、あとは織田昭子[5]さんとの離婚をつづった三十二年の「ある離婚の手記」くらいなんですわ。たくさん本は出してはりますけど、純文学といえるのはこれだけやと思います。みんな私小説でね、どちらかというとフィクションの世界をお書きになるのはお得意ではなかったのでしょうか。才能は豊かでね、作詞の世界でヒット曲を書いたり、大阪にまつわる洒脱《しゃだつ》なエッセーを書いたり、活躍されました。でもね、ほんまは、藤沢先生やオダサクみたいに、文学の世界で頑張ってほしかったと、思ってます。

1　一九二三〜二〇〇四年。大阪市出身。旧制大阪高校を経て、東京帝国大学文学部。大学卒業後、川端康成の弟子となり、小説家としての活動を始める。「こいさんのラブコール」「硝子《がらす》のジョニー」など歌謡曲の作詞でも知られる。

2　一九四九年に「鎌倉文庫」が発刊した大衆文芸誌。

3　一九四五年、鎌倉文庫の川端康成、久米正雄らが創刊した文芸誌。

4　東洋史学者、関西大名誉教授、一八八八〜一九六八年。西夏語の研究で知られる。

5　本名は輪島昭子。元女優。織田作之助の最期をみとった。その後、石濱恒夫と結婚、一女をもうけるが離婚。著書に『マダム』（三笠書房、一九五六年）。

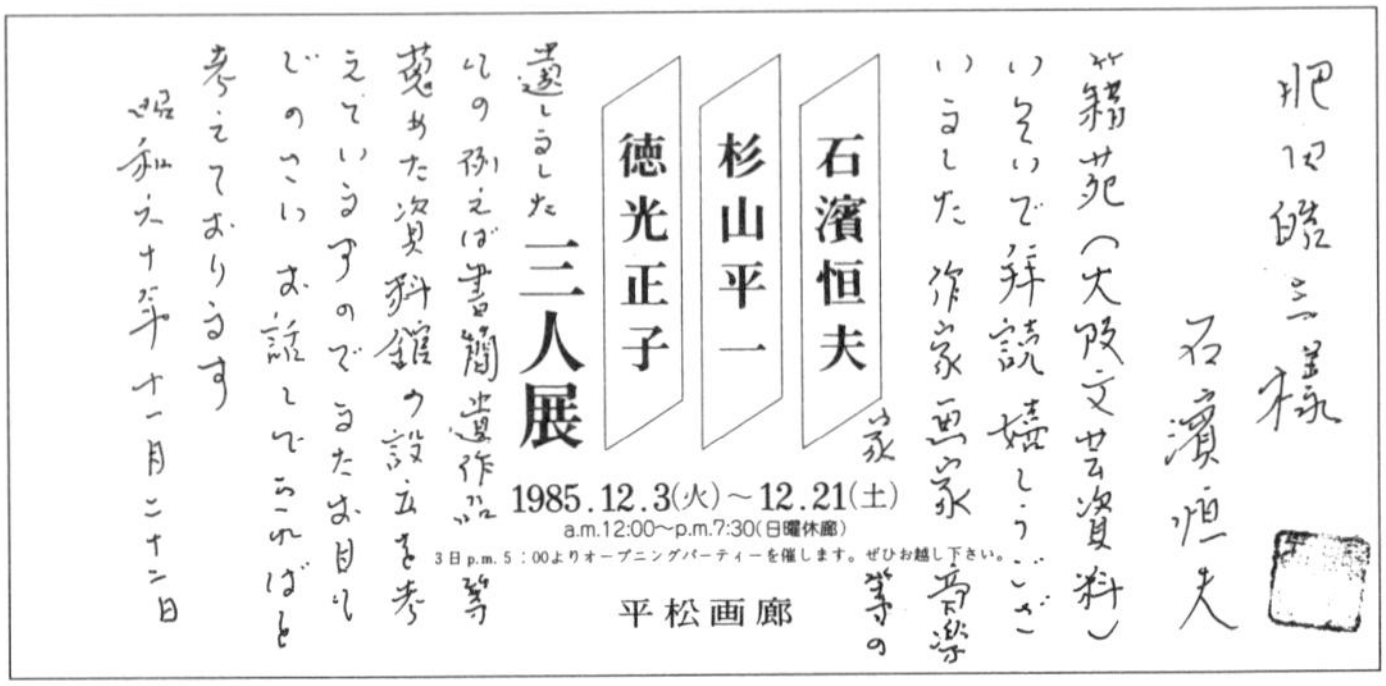

「三人展」案内状

石濱恒夫さんに初めてお目にかかったのは、昭和四十六年（一九七二）頃、私が中之島図書館の嘱託をしていた頃です。中央公論社から『文人画粋編』が出ることになりました。中国、日本の南画の代表作を集成した全集です。石濱さんが、文化・文政の画家、岡田米山人《べいさんじん》[1]を担当することになり、なんぞ参考書はと、図書館に見えたんです。たまたま、私が応対することになりました。こうこう、こんな本があります、みたいなことやったと思います。その頃、石濱さんは女子大学の講師をされていたんと違うかな。そのほかにも、「こいさんのラブコール」[2]とか、「硝子《がらす》のジョニー」[3]とか、大ヒット曲の作詞をされておられることでも有名でした。

　ただね、石濱さん、南画のことなんかほとんどご存じありません。私ね、知ってる限り、なんぼか、珍しいもんも、ご紹介できたと思います。それから、お目にかかればあいさつするくらいは、親しくさせていただきました。この間、偶然ですけど、珍しいもんが見つかりました。石濱さんが、詩人の杉山平一[4]さん、後に「花外楼[5]」の女将《おかみ》になられる徳光正子さんと、開かれた絵画の展覧会の案内状です（図版）。日付は昭和六十年の十一月二十二日となってます。ちょうど私が、関西大学図書館の刊行物にね、大阪の文芸資料を集めてますという内容の話を書いたんです。石濱さんはそれを読んでくださり、案内状の余白に、「作家、画家、音楽家等の遺しましたもの、例えば書簡、遺作品等、蒐《あつ》めた資料館の設立を考えていますので、またお目もじのさい、お話しできればと考えております」と書いてはります。石濱さんは大阪の文学館のことをずっと考えてはりました。それで私の書いたものに賛同して下さったんでしょうね。

それから、藤沢桓夫先生のお葬式[6]でもお会いしました。みんなと離れ、一人で座ってはりました。お辞儀だけして帰ったんですが、その時はひげを生やしてはった。ただね、戦後まもなくの古い時代から、私が石濱さんの小説の大ファンやった、ということは、お亡くなりになるまで、申し上げる機会はついに、ありませんでした。

1　一七四四～一八二〇年。大阪を代表する文人画家として知られる。独学で学問、画を習得し、木村蒹葭堂《けんかどう》ら、当時の文人らとの交流を深めた。
2　一九五八年発売。フランク永井の代表曲の一つ。作曲は大野正雄。
3　一九六一年発売。歌と作曲はアイ・ジョージ。
4　詩人、映画評論家、一九一四～二〇一二年。九十七歳で亡くなる直前、詩集『希望』（編集工房ノア、二〇一一年）で現代詩人賞を受賞した。

5　大阪会議（一八七五年）が開かれたことでも知られる大阪の老舗料亭。徳光正子さんは五代目女将。
6　一九八九年六月十四日、大阪市住吉区の藤沢邸で営まれた。

昭和十八年（一九四三）に、石濱恒夫さんは学徒兵で応召、戦車部隊に配属されます。この時、一緒に出征したのが、司馬遼太郎さん[1]。二人は同じ部隊で満州へ一緒に行きます。二人は同じ年の生まれです。石濱さんは早生まれで学年は一つ上やったけど。石濱さんは戦後まもなくデビューして、昭和二十八年には芥川賞の候補になりました。順風満帆のようですけど、その後、作品が出なくなる。一方の司馬さんは新聞記者をしながら、小説を書かはりました。昭和三十二年に、司馬さんらが創刊した同人雑誌『近代説話』[2]に石濱さんも参加されます。でも、すでにその頃、石濱さんは民間放送で童話を書いたり、大学で教鞭《きょうべん》をとったりして、食べていける収入はあったんやと思います。『近代説話』の同人から、司馬さんを含め六人が直木賞を取ります[3]。その中に石濱さんはいらっしゃいません。司馬さんはその後、国民的な大作家にならはった。石濱さんはヒット曲の作詞家としての仕事が有名です。このお二人の人生は、色々なことを考えさせますなあ。

この間、「ジプシイ大学生」[4]を読み直しました。戦後の焼け跡の中を彷徨《ほうこう》しますねん、不良少年が。うろうろしながら、詩をうたっているようなものです。ああ焼け跡はこういう様子やったなと、思って読んでましてん。ところがね、今、これ注釈なしではわからないところが多い。地理的にもこうやったかいな、と思うことがあるんです。知らんところを教えてもらえたら嬉《うれ》しいけど、興味ある人、一人もいてはらへん。覚えているかと、気軽に聞ける相手が誰もいなくなりました。石濱さん生きてはったらね、先生、こんなんでしたかな、と聞けるんですけどな。

石濱さんは本人も認めてはるようにボンボンです。お人よしと言われた。でもな、私はこの人、ほんまに大好きだ。「ジプシイ大学生」を含め、石濱さんが若い頃の純文学の四作か五作は、雑誌に出たきりで、本になってないんです。今さら読む人がどれだけいるか知りませんけど、本にしてあげたいなあ。

1 作家、一九二三〜九六年。産経新聞社在職中の六〇年に『梟《ふくろう》の城』(講談社、一九五九年)で直木賞を受賞。その後、数多い歴史小説を執筆。日本の歴史や風土をテーマにした随筆でも知られた。
2 一九五七年に、司馬遼太郎、寺内大吉らが中心になって創刊した同人誌。
3 司馬遼太郎、寺内大吉、黒岩重吾、伊藤桂一、永井路子、胡桃沢耕史。
4 文芸雑誌『人間』の一九五〇年十二月号に掲載された。

北野恒富

明治から昭和にかけて、大阪で活躍した日本画家で、北野恒富《つねとみ》[1]という人がいてはります。戦前の「大阪画壇」の中心人物で、お弟子さんも大勢、いらっしゃいました[2]。けどね、不思議なことに、これまで大阪で展観が開かれたことは一回もありませんねん。ほんまは、大きな美術館で大々的にやらんといかん、そういう人です。

恒富は院展に大正三年（一九一四）の第一回展から出品しています。その後も何回も出展しておられます。横山大観は、この人のこと、評価してはったんやと思います。ただね、今では、中央では全く問題にしないんです。運の悪い人かも知れませんな、そういう意味では。でも、ええ仕事残してはる。美人画の世界を確立された方でね。ただの美人画やおまへん。京都とは違う、大阪という町に生きてきた女性というものを、ずっと描いてはりますな。そこが、私が感銘しているところです。恒富の展観は、今から十何年か前に、滋賀で開かれたのを見に行きました。巡回展で、ほかには東京と金沢でも開かれたんかな[3]。

その恒富の展観が今月（二〇一五年十月）の二十日から、大阪商業大学で開かれてます[4]。恒富は大正時代の末に、画室と住まいを中河内（今の東大阪市）に移しはりました。大学のある小阪に住んではったこともあるそうで、このことが縁で開かはったとのことです。実は私、恒富が亡くなった時のこと、よう覚えてまんねん。この人、昭和二十二年（一九四七）に亡くなった。最後に描かはった絵が、相撲取りだんねん。美人画で有名になった恒富なのにね。二人の力士が並んでね。ええ絵でした。新聞に大きな写真で出ました。その後、すぐに亡くなりはったのでね、それで覚えてますねん。恒富というたら、芸者遊びがお好きで、ミナミに入り浸りやったそうやけど、相撲もお好きやったそうです。相撲取りを描かはったのも当然のことなんですけどね。あの絵はどこ行ったんかな。戦後の作品やから、焼けてないと思うんやけどね。もういっぺん、見てみたいと思います。

1　一八八〇年、金沢市生まれ。本名富太郎。九七年に大阪に移り、画業を目指した。華やかな美人画ポスターで人気を集めた。大阪美術展覧会の設立に加わるなど、大阪画壇の中心人物として活躍する。一九四七年、六十七歳で死去。

2　中村貞以、島成園、樋口富麿など。

3　「北野恒富展浪花画壇の悪魔派」。二〇〇三年に東京ステーションギャラリー、石川県立美術館、滋賀県立近代美術館で開かれた。

4　「北野恒富と中河内―知られざる大阪画壇の発信源―」。二〇一五年十月二十日から十一月二十八日まで、大阪府東大阪市の大阪商業大学商業史博物館で開催。

大阪商業大学の展観は、大きな会場ではありませんが、ええ作品がそろってました。

北野恒富の「茶々殿」と筆者

改めて拝見して、恒富の美人画はほんまにきれいやな、とつくづく思いました。

中でも、「茶々殿」[1]は素晴らしい絵です。のちに谷崎潤一郎の奥さんになる根津松子[2]さんがモデルだそうだ。表情もええけど、着物の柄が素晴らしいね。きちんと考証されてるのやと思います。

谷崎は大阪の画家にええ仕事させはった。小出楢重[3]、菅楯彦[4]とかね。恒富は、「乱菊物語[5]」の挿絵も描いてはります。それから私が好きなのは、「星（夕空）」。今回は絵は出展されてないのですが、絵はがきがありました。夕涼みしてはるお嬢さんを描いてるのですが、これは昭和十二（一九三七）、十三年頃の船場の商家の娘はんそのものですわ。断髪のモダンガールです。つまり恒富はね、目の前にいるお嬢さんも、歴史上の人物も、女性やったら何でも描けるということです。これはすごいことです。

わが家と恒富には、ほんま細い糸ですけど、つながりがおますんです。私がまだ生まれる前でっけど、大正九年（一九二〇）から十年にかけて、恒富は大阪市南区鍛冶屋町（現中央区島之内二）にあった、私の家の斜め向かいに住んではりましてん。

父の郁三は大正十年、二十一歳の時に、弟やいとこ、友人と、小品の文章や詩なんかを載せた同人雑誌『銀』を出しました。当時、そんなんがはやってたんです。恒富の息子さんの以悦《いえつ》さんや、内弟子の樋口富麿さん、大久保恒麿さんらが、その雑誌に興味を持ってくれはったんか、銀の表紙の絵や、文章を書いてくださったんですわ。銀は四号まで出ました。うちの家にあったのは戦災で焼けてしまいましたけど、叔父の家に残っていました。その四冊を今回の展観にも出させていただいています。

1　一九二一年。大阪府立中之島図書館蔵。
2　谷崎潤一郎の三番目の妻、一九〇三〜九一年。
3　洋画家、一八八七〜一九三一年。
4　日本画家、一八七八〜一九六三年。
5　一九三〇年に谷崎が『朝日新聞』に連載。未完で終わっている。

道頓堀

道頓堀が開削されて今年（平成二十七年〈二〇一五〉）で四百年。にぎやかにゆうてますね。それに便乗させてもろて、気のついたこと、あっち飛び、こっち飛びですけど、聞いていただこうと思います。

開削は元和元年（一六一五）です。ただ、道頓堀が娯楽の中心になるのは、その四十〜五十年ぐらい後かと思います。寛文年間[1]、それでも三百五十年くらいの歴史はあることになります。これだけ、繁華街として続いている場所はないのではありませんか。世界でも類がありません。それと、ここは芝居町です。人形芝居[2]はここで始まり、五座[3]では歌舞伎が盛んに上演された。それが今に続いている。そんな、当たり前のことをみんな忘れてます、大阪の人。道頓堀というところは、ほんとに希有《けう》な場所なんです。

寛政十二年（一八〇〇）に、『戯場《しばい》一覧』ゆう、道頓堀の芝居の案内が大阪で出ました。普通の本を三つに切ったような、小冊子で、地図になってございます。日本橋から戎橋まで五百メートルぐらい。その南北両側の街並み、「角丸芝居」[4]「中の芝居」[5]などの芝居小屋も実に詳細に書き込まれてます。

それから、幕末の一八五〇年頃、『浪華の花櫓《はなやぐら》』という刷りもんが出ます。あたり一帯が、芝居小屋と、芝居茶屋で埋め尽くされてるのがようわかります。

明治三十三年（一九〇〇）の『大阪営業案内』[6]にも、心斎橋筋や平野町筋とともに道頓堀の街並みが描かれてます。それから昭和二十七年（一九五二）には、『夕刊新大阪』に「なにわ喰《く》い倒れ地図」の連載がありました。ここでも道頓堀の両側が細かく載ってございます。「今井」とか、「播重《はりじゅう》」とか今もある店もありますが、ほとんど、変わっています。

つまり、ちょうど五十年ごとの、道頓堀の両側の移り変わりが分かる。何度も言うようですけど、全国でここが唯一と思います。道頓堀というところが、特別な場所やということがわかります。とにかく、人々に親しみをもたれた場所ゆうことでっしゃろか。何よりも、そこにいけば楽しい、ということでございましょうか。

1　一六六一～七三年。

2　竹本義太夫が一六八四年、道頓堀に竹本座を創設。近松門左衛門を座付き作者として、人形浄瑠璃の人気を高めた。

3　道頓堀にあった浪花座、中座、角座、朝日座、弁天座の五つの劇場のこと。名称は時代によって変わる。

4　後の朝日座。

5　中座の旧名。

6　大阪市内にある主要な通りの両側に並ぶ商店を掲載。一九七五年に復刻版が出版されている。

道頓堀の全盛時代ゆうのは、明治の終わり頃から、戦後ぐらいまでの五十年やと思います。四百年の長い歴史で、最も充実した、最高の時期やったと思います。松竹の白井松次郎[1]が道頓堀五座の劇場を次々に傘下に収めていきます。大正十二年（一九二三）には松竹座も建てて、この六つの劇場で毎月毎月、何かの興行をやってました。

五座の櫓《やぐら》は江戸時代からあるんやけど、その頃は一つの小屋で、年に三回くらい興行したら十分やった。松竹になってから。毎月やるようになった。明治の初期でもそんなこと、あらしまへん。六つの小屋の興行を埋めるというのは、ものすごい無理がある。でもね、松竹が続けたこの時代が、道頓堀の最も華やかな時代でした。

松竹の道頓堀進出は明治四十一年（一九〇八）に朝日座を買うた時から始まります。大正六年（一九一七）に角座と浪花座、七年に中座、八年に弁天座を買います。そして大正九年には中座を改築するんです。総ヒノキ造りのとっても豪華な劇場で、道頓堀の歴史を通じて、最高の芝居小屋を作る、という気持ちで、白井が建てたんです。日本演劇史の中でも、特筆するべきことやと思います。その新築落成開場の興行で、一等で十円とったんだ。この時は中村鴈治《がんじ》郎《ろう》[2]らが出演したんですけど、大阪の役者だけです。芝居の入場料のこと調べたことがあるんですが、戦前の興行で十円とったんはこれだけです。東京から素晴らしい役者が来て鴈治郎と芝居しても、九円五十銭、高うても九円八十銭なんです。白井がどれだけ力を入れてたか、ようわかります。ところが、この時、阪急東宝グループの総帥である小林一三[3]が、毎日新聞に「歌舞伎の改善と松竹の運命」という題で連載して、冷や水をかけるんです。今時分、こんな大きな建物建てて、高い入場料とってどないするねん、と。安い値段でたくさんの人に芝居を見せるというのが、小林の終生のモットーだ。ぼろくそにこきおろすんです。白井と小林は、互いに影響を与えたライバルです。でも、演劇史の中で取り上げられることは少ないですな。

1　一八七七～一九五一年。双子の兄弟である大谷竹次郎とともに、松竹を創業した。京都・南座、大阪道頓堀の五座など、劇場を次々と手中に収め、演劇、映画界で広く活躍した。上方歌舞伎や人形浄瑠璃の振興にも力を尽くした。

2　初代。歌舞伎役者、一八六〇～一九三五年。上方歌舞伎を代表する名優として、絶大な人気を誇った。白井松次郎とともに、数多くの芝居興行を成功に導いた。

3　実業家、阪急東宝グループの創業者、一八七三～一九五七年。鉄道、不動産、流通に加えて、映画や宝塚歌劇団などの興行事業でも知られる。

道頓堀はね、大阪初というのが多いんです。

明治維新の時、大阪歌舞伎で一番の名優は、市川右團治《うだんじ》[1]でした。ところがね、自分の家から火事を出して、申し訳ないと大阪を離れた。東京で芝居してたんですが、大阪のお客さんにしてみるとね、やっぱり右團治が出ないと、道頓堀ではないと。大阪の興行師が東京に口説きに行く。右團治はね、道頓堀の汚い小屋で芝居するのはいややと言うんです。それやったら、と角座を建て替えるんです。明治十七年（一八八四）です。木造の洋風建築で当時、最新式の芝居小屋です。

その開業の時にね、アイスクリームを売ったそうだ。大阪で初めてです。高安六郎[2]先生が話された記録があります。明治十一年生まれやから、五つか、六つ。御一家で行かはったんでしょうね。その時アイスクリームを初めて食べた。一杯五銭やったそうです。

同じ明治十七年の五月、これは中座ですけど、大阪で初めて電灯がともります。米国製の蒸気発電機を持ってる会社があって、この年の京都の都をどりで初めて電気つけたそうだ。大阪の興行師が目をつけたんでしょうね、千日前の竹林寺[3]に発電機をすえて、中座まで電線を引きました。

中で五か所、表で一か所、アーク灯がともりました。中村鴈治郎が那須与市を演じている時に初めてともった。みんな、明るさにびっくりしたそうです。最後は総踊り。今のレビューと同じでんな。

映画興行もミナミが発祥です。明治三十年の二月二十八日に南地演舞場、三月十日に角座で、リュミエール兄弟[4]が作ったシネマトグラフが上演されてます。三月二十二日には朝日座でエジソンの写真活動発音機の記録があります。これが日本の映画興行の最初です。

これはね、『あのな』という雑誌に「掬水庵《きくすいあん》日誌抄録」という形で載ってます。掬水庵は私の祖父のいとこで、本名は肥田弥一郎といいます。日本映画史の権威の塚田嘉信さん[5]がこの記事を喜んでくれましてね、のちに『日本映画史の研究』で取り上げてくださいました。

1　初代。一八四三～一九一六年。幕末から大正にかけ、上方歌舞伎で活躍した。屋号は高嶋屋、隠居名は斎入《さいにゅう》。
2　医師、一八七八～一九五九年。能、浄瑠璃、歌舞伎など芸能一般に造詣が深かった。アイスクリームの発言は雑誌『上方』二十二号の座談会で。
3　大阪市中央区難波にあった浄土宗の寺院。二〇〇八年、天王寺区移転。
4　フランスの映画発明者。
5　映画史研究家。『日本映画史の研究』は一九八〇年出版、現代書館。

小学校三、四年の頃、父親について、大阪・ミナミの街をうろうろしました。父親は郁三[1]といいます。体があまり丈夫じゃございませんでね。職につかないで家におりました。毎日、夕方になったら道頓堀から千日前を歩くのが日課ですねん。本屋を回ったり、映画の看板やスチールをチェックしたり、です。私は学校から帰って来て、ようついていきました。

鍛冶屋町[2]の家から出たら、路地を抜けて日本橋北詰の公園に出ます。安井道頓[3]の碑があります。橋を渡って、西へ向かって、道頓堀をずっといきます。弁天座、朝日座、角座がございます。それで角座を南に曲がりますねん。そしたら、ずらっと劇場が並んでます。今のビックカメラのところに歌舞伎座がありました。それから、常磐座、大阪劇場（大劇）、敷島倶楽部《くらぶ》。

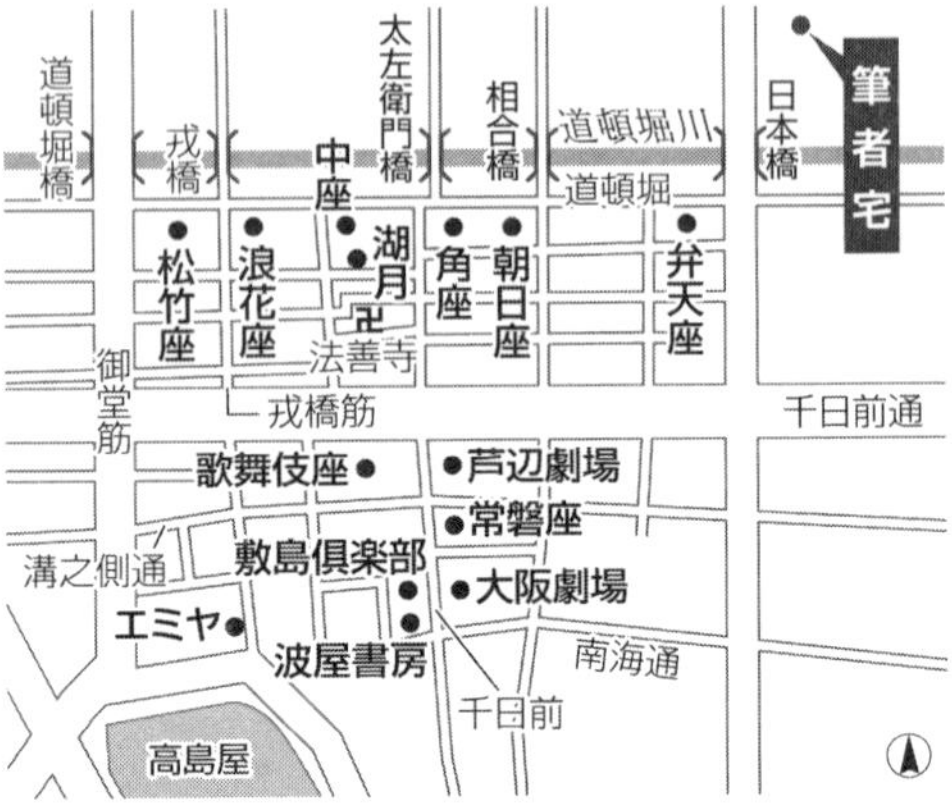

昭和 15 年ごろの大阪・ミナミの地図
（筆者が描いた地図にもとづき作製）

大劇が松竹、常磐座が日活、敷島が東宝の映画封切り館でした。

父親は松竹の株を持ってましたんで、チケットをもらえるんです。大劇で映画をよう、見ました。その頃から常磐座や敷島は私一人で入ってね、阪《ばん》妻《つま》[4]やエノケン[5]を見ました。大劇から西へ、南海通に入ります。波屋書房に必ず寄ります。子ども向けの本が並んだ棚もありました。私はよう奥のお便所をお借りしたんですけど、今のご主人が弟さんと遊んでいらっしゃいました。

高島屋の前から今度は戎橋筋を北に入っていきます。エミヤという本屋がありました。新刊書が充実していまして、演劇の本や雑誌も。父親は新刊の文芸書をよう買うてました。狭い通路がお客さんでいっぱいで、中に入れんくらいでした。そこからね、戎橋筋を北にあがる。また道頓堀まで出てきます。心斎橋まで足を延ばすか、それとも法善寺の方まで行くか。たいていは法善寺の近くの「湖月」という店へ寄って、汁粉やら、ぜんざいやらを食べさせてもらいました。それが楽しみでした。

1　一九〇〇~四三年。
2　現大阪市中央区島之内二。
3　道頓堀の開削者、一五三三~一六一五年。大坂城築城工事に加わり、功績で城南の地を与えられる。その後、豊臣秀吉の命で水路開削を始めるが、工事途中、大坂夏の陣で戦死。開削事業はいとこの道卜が引き継いだ。石碑は一九一五年に建てられた。
4　阪東妻三郎、一九〇一~五三年。映画俳優として一世を風靡《ふうび》した。
5　榎本健一、一九〇四~七〇年。俳優、コメディアン。日本の喜劇王とも呼ばれた。

子どもの時分ですさかい、食べ物屋とかおもちゃ屋のことを思い出します。日本橋から道頓堀に入った南側に「たこ梅」[1]がありました。暖簾《のれん》の下からお客さんの足だけが見えてました。ここは子供には、あんまり関係おまへん。隣が「栄太楼《えいたろう》」ゆうお菓子屋で、ワッフルをよう買いに行きました。普通の菓子屋にないんです。ここしか売ってなかった。西に行きますとね、「マルキのパン屋」[2]が浜側（北側）にありました。あんパン、渦巻きパン、食パンも、よう買いに行きました。今の馬券売り場のところに、「東洋オークション」ゆうて、今でゆうスーパーマーケットだっしゃろな、そんなんがおました。「とうよおくしょん」て私ら呼んでました。入り口に女の子が果物籠にマッチ入れて、立ってました。子供にもくれますねん。ようもらいました。今のティッシュペーパーと一緒ですわ。

おもちゃでは「乙三洞《おっさんどう》」です。千日前の一本南の溝之側《みぞのかわ》通りの、戎橋筋と御堂筋の真ん中あたりにありました。店主は森田政信[3]さんゆうてね、元は本屋です。ランプとか、ハト時計とか、そういう西洋骨董《こっとう》や、郷土玩具の古いのを扱こうてはった。常備してはったんがポッペンです。ガラスの管に丸い玉がついたおもちゃだ。もう市販してなかったと思います。それを乙三洞が作らして売ってました。細長い箱に二つ入ってました。吹いたら、「ポピン、ポピン」ゆうて鳴りますねん。軽う吹いたらええ音します。きつう吹いたら割れる。繊細なものでね。きれいな色がついてましたけど、森田さんが塗ってはったんかもしれませんな。

大阪の古い郷土玩具に張り子がございましてね。夫婦が乗ってる赤い人力車やら、天王寺の眠り猫とかね。そんなのも店にありました。乙三洞のことは、大阪大学の橋爪節也[4]さんが興味を持たれ、調べたことを同人雑誌に書いてはります。道頓堀には、懐かしい思い出がいっぱいございます。

1　江戸時代の弘化元年（一八四四）に大阪・日本橋で創業。日本で最も古いおでん屋とされる。

2　マルキはパンのチェーン店で各地に支店があった。上方落語「近日息子」にも「マルキの黒パン」が登場する。

3　一八九五～一九五九年。一九一四年頃に最初の書店を開き、三一年に溝之側に移った。四四年に戦争の悪化に伴い、建物疎開で移転するが、空襲のために、収集した玩具や人形の多くが焼失した。

4　大阪大学総合学術博物館教授。専門は近代大阪の美術。「乙三洞」については、同人雑誌『新菜箸《しんさいばし》本撰《ほんえらみ》』三、四号で特集した。

正月行事

少々遅うなりましたけど、あけましておめでとうございます。お正月ということで、珍しいものを紹介させていただきます。私の祖父の熊蔵[1]が書き残した肥田家の年始行事の記録です。表紙には曽祖父の弥三郎の名がありますが、間違いなく熊蔵の手《て》跡です。明治三十五年（一九〇二）ですから百十年以上も前だんな。その頃の島之内[2]の商家の正月のことがわかります。当時、肥田家は銀行を経営[3]してました。熊蔵は二十三か二十四歳。いずれ当主になる、ということで書き付けたんやと思います。罫紙《けいし》に書いた八枚ほどの覚書です。これは熊蔵が隠居していた池田の家に持っていってたんで、空襲を免れたんです。

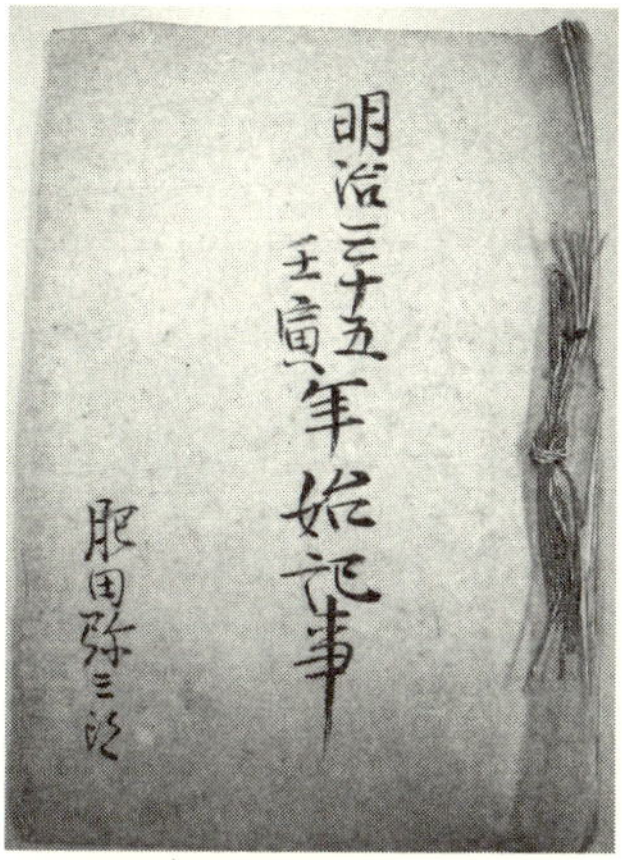

筆者の祖父が書き残した
明治 35 年の年始行事の記録

　奥座敷から始まって、玄関、店の飾り付けまで細かく記してます。奥座敷に上田耕沖《こうちゅう》[4]作の鶴の掛け軸を置くとか、花は白椿《つばき》を飾るとか。道路に面する店の入り口には金屏風《びょうぶ》を立てて、赤い毛氈《もうせん》を敷き、大きな名刺受けを置きます。当時は、年始のあいさつ回りのお客さんが一軒一軒、名刺を配って歩きはったんだ。

このほか、小僧さんや女中さんへの祝儀、年始のお客さんのお名前など、実に細かく記してあります。

読んでますと、この時から四十年ほど後、私が子どもやった昭和十年代のお正月と、ちっとも変わってません。午前三時やったか、四時やったか、当主の熊蔵、父母、兄弟の家族全員が仏間に入って、お灯明をあげます。それから別の部屋の神棚でお祈りして奥座敷に行きますねん。前には祝い膳が並びます。男は朱塗りの低い脚、女は黒塗りで高い脚のお膳でした。そろいましたら、使用人が座敷の前の廊下まで来て一人ずつ、あいさつします。その頃、うちには七人ほどいましたかな。旦さん、若旦さん、奥さんと、全員に口上を述べるんで、けっこう時間がかかりました。それが終わって、屠蘇《とそ》をくんで、お祝いが始まります。膳の上には汁椀《わん》、菓子椀、飯椀が並びます。お重は三重やったかな、小芋や高野豆腐なんかの煮しめと、車エビ、かまぼこ、厚焼き卵、田作（ごまめ）が入っていたように覚えてます。それから大きな鉢が三つ。カズノコ、黒豆、ゴボウでした。質素なもんでした。今みたいに贅沢《ぜいたく》なお節料理は、戦後、だいぶんたってからの風潮のような気がします。

1　一八七八～一九五六年。

2　大阪市の、東西南北を東横堀川、西横堀川、道頓堀川、長堀川に囲まれた地域。現在の大阪市中央区。肥田家は旧・南区鍛冶屋町にあった。

3　虎屋銀行、一八八一年設立。一九二二年に山口銀行に合併。

4　幕末から明治にかけての円山派の画家、一八一九～一九一一年。

OSK

「大阪松竹歌劇団」、今は「OSK日本歌劇団」[1]です、そのお話をいたします。

昭和十年（一九三五）から十五年にかけて、私が小学生の頃です。父親[2]が映画が好きでね、松竹映画の封切り館やった千日前の大阪劇場（大劇）に欠かさず行ってました。それにようついていったんです。映画にあわせて実演がありました。年に何回か、大阪松竹少女歌劇団の公演がありまして、そのレビューが本当に大好きでした。

ものすごい豪華版でした。団員さんもようけいてたんでしょうね。映画は毎週変わるけど、レビューはだいたい四週間くらい続きます。そやから同じ公演レビューを何回も見ました。この頃のものは、ほとんど全部見たのと違うかな。筋がどやとか、何の記憶もありません。でもね、子ども心に、レビューゆうのは楽しいもんやなと思っていました。

特に、日本舞踊系がこれが好きでした。もう何か、わくわくしますねん。父親が松竹の株を持ってて、毎月招待券が来ます。観覧は二階の一等席です。そこから、舞台の前のオーケストラボックスを見たら、一番左の端の方の一角が畳敷きです。そこに三味線の人とか、太鼓の人とかが座ります。上から見てて、そこに人が入ると、あっ今日は日本もんがあるわ、とわくわ

第16回春のおどりフィナーレの舞台（昭和16年）

くしました。

大劇は南海通りと千日通りの角にありました。今はホテル[3]になってます。敷地は大きかった。一町まわり全部です。もとは東洋劇場ゆうて、昭和八年に、興行師が作るんですわ。東洋一の劇場ということです。ところがね、かけるもんがあらしまへん。外国映画の封切りとか外国の興行とかやってましたけど、立ちゆかなくなった。それで昭和九年に松竹が買収します。松竹座でやっていた少女歌劇をもってきたんです。

そら立派な建築、大阪一の劇場でした。階段も待合室も立派。休憩室とか、照明とかすべて豪華です。けどね、装飾過多で、ちょっとうっとうしいような感じでした。毎年正月には、松竹の人気俳優の実演もありました。上原謙[4]とかね。超大入り満員やったそうだ。戦前の大阪の呼び物でした。

1　一九二二年、松竹楽劇部として創業。二三年五月、大阪松竹座で第一回公演「アルルの女」。三四年に大阪松竹歌劇団（ＯＳＳＫ）と改称、本拠を大阪劇場に移す。その後、経営母体や名称は何回か変わる。現在のＯＳＫ日本歌劇団は二〇〇九年設立。
2　肥田郁三、一九〇〇〜四三年。
3　なんばオリエンタルホテル。
4　戦前戦後の日本映画界を代表する二枚目スター、一九〇九〜九一年。俳優加山雄三の父。

ＯＳＫの前身の松竹楽劇部が創設されたのは、大正十一年（一九二二）です。作りはったのは、松竹の白井松次郎。[1] もちろん、宝塚少女歌劇団を意識してのことでしょう。最初のうちは道頓堀の松竹座で公演してましたが、昭和九年（一九三四）から、千日前の大阪劇場（大劇[2]）を本拠地とするようになりました。私が父親と一緒に通っていたのは、この時分です。

私が観《み》るようになる少し前の大スターといえば、笠置シズ子です。[3] 歌が上手で、舞台に愛嬌《あいきょう》があった。人気をさらったそうですけど、私は知りません。覚えている最初のトップは、柏ハルエ、アーサー美鈴でした。二人のトップ時代はほん数年間です。その頃に「弥次喜多」のレビューがありました。弥次さん役の人がものすごい勢いで舞台を走り回ってまして、拍手を浴びてたのを覚えてます。それが秋月恵美子、[4] 次のトップでした。

秋月は、娘役の芦原千津子[5]とコンビになります。サンバ踊ったり、ルンバ踊ったり、必ずやってましたな。ゴールデンコンビと言われて、人気がありました。このコンビは長いこと、続きます。この二人が頑張りすぎたんかも知れませんな。後進に早く道を譲るべきやったのかも知れません。OSK九十年の歴史を冷静に見てたら、そう思います。

この頃のレビューは豪華でした。開幕の舞台が開いたら団員が三段の屋体に並んでます。みんな和装で日本髪、着物姿。鉦《かね》、太鼓を持ってます。これが大好きでした。舞台のフィナーレは「松竹ロケットガールズ」の出番です。いわゆるラインダンスでんな、脚を上げて踊ります。最盛期には三十人以上が、舞台に並びました。広い、広い大劇の舞台いっぱいです。

この間、昭和十二年頃の公演のパンフレットを見てましたらな、ロケットガールズの場面があって、「ダンス・ナンバー三十八」と書いてありますねん。つまり、ラインダンスの振り付けが一から数えて四十近くあった、いうことです。この振り付けを演出したのが、江川幸一[6]です。優れた振り付け師でした。演劇の歴史の中で、もっときちんと取り上げられてもええと思いますけどな。

1　一八七七〜一九五一年。双子の兄弟の大谷竹次郎とともに、松竹を創設した。
2　一九一四年、宝塚新温泉で初演。以来、百年以上にわたって、未婚女性だけで構成する歌劇団として人気を集め、多くのスターを生んでいる。
3　歌手、女優、一九一四〜八五年。松竹楽劇部でデビュー。戦後、「買物ブギ」などをヒットさせ、「ブギの女王」と呼ばれた。
4　二〇〇二年没。男役トップスターとして活躍。戦後は映画でも活躍した。
5　〜二〇〇九年。

6　～一九六五年。三二年に「江川幸一スタジオ」を兵庫県西宮市に設立。戦後は「江川バレエスクール」と改名し、バレエ指導を行っている。

子どもの時はよう観たＯＳＫですけど、中学に通うようになってからは、行かなくなりました。戦後は、大阪劇場が閉鎖されて本拠地があやめ池[1]に移ったり、経営が松竹から近鉄に変わったり[2]、色々なことがありました。その当時のことは、ほとんど知りまへん。あれ何年になりますか、近鉄がＯＳＫの支援を打ち切ることになったんは。平成十四年（二〇〇二）ですか。これでは存続がおぼつかないということになった。でも、団員の何人かはこのまま継続してやりたいと、街頭に立って訴えかけたりしてました。その時に、思いましたんや。私、子どもの時、ＯＳＫ大好きやった、なくなってしまうのかな、と。大阪の自慢にしてええレビューなのに。ずっと続いてきたのに、このまま消えてしまうのかな、惜しいなあと。

　私の力で何にもできるわけやない。ただ、あまりにもったいないと、いても立ってもおられんようになりました。私の家は戦災で焼けてしまい、たいした資料もなかったんですが、幸い、叔父の昌三[3]の遺品が残っていた。昌三もＯＳＫが好きでね、大正十二年（一九二三）から昭和九年（一九三四）頃までのだいたい全プログラムが、残ってましてん。ブロマイドもようけ買うて、残してました。大劇時代のものは残ってないのやけど。それで何か、回顧展みたいなものをできんやろか、と思いました。その頃、「大阪くらしの今昔館[4]」ができて間なしでね。学

「華麗なるレヴューの世界　松竹少女歌劇から OSK へ」のちらし
（大阪くらしの今昔館提供）

芸員をしてらっしゃった方に心安くしてもらってまして、頼みに行ったんです。そしたらやりましょうと引き受けて下さった。

松竹座で公演していた頃の初期の資料は、それなりにありました。その後の分は近鉄が資料持ってまっしゃろ、体裁つくのと違いますか、と厚かましいこと、申し上げました。それで開いてもらった企画展が、「華麗なるレヴューの世界　松竹少女歌劇からＯＳＫへ」[5]です。ポスターも作ってくれはって、講演もさせていただきました。小規模のことで、なかなかＰＲが行き届かんでね。ご存じの方、あまりないのと違いますか。そやけど、ええ展観やったと思ってます。

1　奈良市のあやめ池円型大劇場（二〇〇四年六月、あやめ池遊園地閉園）。初演は一九五〇年で、本拠を移したのは六七年。
2　一九七一年に近鉄グループ傘下に入った。
3　肥田昌三、一九〇三～六九年。
4　正式名称は「大阪市立住まいのミュージアム」。大阪市北区天神橋六に、二〇〇一年四月開館した。

「住まいと歴史と文化」がテーマ。

5　二〇〇三年九月二十日〜十月十九日。筆者は「松竹少女歌劇の思い出」をテーマに九月二十一日に講演した。

ＯＳＫというところは、正史というのはないんですよ。幸い、私の手元に、叔父が残してくれた、初期の頃の番組《プログラム》がそろってました。これを載せてもらえんやろかと、雑誌『上方芸能』[1]を発行してはる木津川計さん[2]にご相談したんです。番組を写すだけです。地味で、読み物になるような記事やないけど、後々の資料にはなると思います、と。そしたら、載せましょうと快諾していただきました。『上方芸能』の百五十号（二〇〇三年十二月）から掲載させてもらってます。[3]今出てる百九十九号で四十五回になります。そうこうしているうちに、ＯＳＫも存続のめどが立つようになってきました。

これまで、ＯＳＫの創立から昭和十四年（一九三九）頃まで、毎回の興行のスタッフとキャスト、総配役ですね、これを全部載せることができました。ＯＳＫの草創期の十数年間の確実な記録だけでも、ここに残せた。写真も、初期の団員のブロマイドを掲載できました。感謝してます。あないして残しておけば、団員の出入りもみんなわかります。詳細に見て行けば、誰が何年に入ったとか、初舞台はいつやとか、何年に姿を消してるとか、全部わかります。スタッフの変遷かてね、演出の人とか、歌の指導の人とか、編曲の人とか、劇団のいちばん主軸のところの記録を残すことができました。今すぐに役に立つ、いうものでありまへん。けど、とにかく活字で残すことができました。『上方芸能』が貴重な紙面を提供してくださったおかげです。

ＯＳＫの長い歴史の中からゆうたらほん一部分ですけどね。ＯＳＫがここから始まったということでは大事です。ただ、『上方芸能』は二百号で終刊になりました。[4] 残念なことです。でもね、昭和の後半から平成にかけての上方の芸能一般について、第一の文献です。後世、最高の資料となるでしょうな。木津川さん、ほんまにようやらはった。

1　一九六八年四月、落語会の会報として創刊。上方の芸能全般を取り上げてきた。能・狂言、歌舞伎、文楽、日本舞踊、演劇、歌劇、落語、漫才など、幅広いジャンルを扱っていた。

2　評論家、コラムニスト、一九三五年生まれ。三十三歳で『上方芸能』を創刊、発行を続けてきた。著作も多数。

3　「松竹少女歌劇の足跡」。

4　二〇一六年六月発行の二百号で終刊。読者の高齢化のため、定期購読者が減少したことなどが理由としている。

平成十四年（二〇〇二）六月、近鉄のＯＳＫへの支援打ち切りが発表され、翌年にはいったん解散しました。[1] 劇団員で残ったたんは二十数人か。ほんまに少人数ですけど、再出発が決まりました。みんな熱心に稽古していました。一生懸命でした。そしたらな、松竹が松竹座で「春のおどり」をやらんか、というてくれてね。

春のおどりは、ＯＳＫが大正十五年（一九二六）から松竹座で始めるんです。これが評判呼びまして。その後、大劇に移りますけど、ずっと大阪の名物でした。ＯＳＫにしてみたら、松竹座で演《や》るのは、六十六年ぶりです。劇団員全員が喜んでね、私ら客のほうも本当にうれしかった。

ええ舞台でした[2]。ロケットガールズがあんなに、華やかに思ったことおまへんなあ。もちろん人数は少ない。全盛期に比べたら、そら寂しいですけどね。そやけど見劣りのせん、ええ舞台やなと思いました。

順調に現在までできてます。もう、大丈夫でっしゃろ。

復活してからは、ずっと観《み》てます。男役では、桜花昇《の》ぼる[3]が好きでしたんでね、やめて寂しいなりました。でも、高世麻央《たかせまお》[4]、桐生麻耶《きりゅうあさや》[5]、真麻里都《まあさりと》[6]、悠浦《ゆうら》あやと[7]がいます。昨年、娘役トップの牧名ことり[8]が辞めました。それが今ちょっと心配ですねん。ええ娘役がいてないと、男役も映えない。

ＯＳＫというのは、大阪の土地で大きく育ってきて、大阪の人たちに好かれて、愛されてきた歌劇団です。それでみんな好きでした。「桜咲く国」。川柳作家の岸本水府が作ったこの歌、大阪で知らん人あらしまへんがな。どの公演でもフィナーレで歌います。私も必ず、一緒に歌います。見てて楽しいし、きれいし、心おどりますもんな。きれいなダンス、きれいな歌見てたら。みんなわかってますねん。よう知ってますねん。値段もそんな、高いことあらしまへん。あんなぜいたくな、きれいなもん見れたらええですわ。やっぱり大阪の人、よう知ってますねん。うれしいことです。

71 OSK

1 二〇〇三年五月三十一日、当時の「OSK日本歌劇団」が解散。その後、「OSK存続の会」が引き継ぐ。
2 二〇〇四年四月、「春のおどり　桜咲く国／ルネッサンス」。
3 奈良県斑鳩町出身。一九九三年、初舞台。二〇〇八年からトップスター、一四年退団。
4 一九九六年初舞台。二〇一四～一八年、トップスター、一八年退団。
5 一九九七年初舞台。二〇一八年から、トップスター。
6 二〇〇六年初舞台、一八年退団。
7 二〇〇八年初舞台。
8 東京都出身。二〇〇一年、初舞台。娘役スター、一五年退団。

宝塚歌劇

宝塚歌劇は、熱心によく観《み》た時、そうでもなかった時と色々です。そやから、あんまり語る資格はないんです。演《だ》し物が変わるごとに見ていた時期もあったんですけど。最近はちょっと、見るのが少なくなりました。ただ、この間の宝塚歌劇百周年記念の公演[1]は見せてもらいました。とてもよかった。素晴らしかったです。

戦前のことですけど、大阪では夏に大掃除をするんです、街中、全戸が畳あげて、床下までみんな掃いて。厳しかったんです。検査員が見に来て、掃除せんと隠してたらおこられましたんや。うちの家は、出入りの手伝《てつだ》いさんが来てくれますねん。私らはすることがない。家を出て、避難するわけです。そんな時、母親が連れていってくれたんが、宝塚でした。そやからね、宝塚歌劇を観るのんは、大掃除の日と決まってました。夏の公演ですな。

それから十二月には、大阪の北野劇場[2]で、花組、月組、雪組の三組の大合同公演がありました。豪華版です。昭和十五年（一九四〇）頃から毎年見てます。「西遊記[3]」なんかもありました。天津乙女[4]が孫悟空をやっていたのを覚えてます。中でもね、記憶に残っているのが「ピノチオ」です。終戦から間なしの頃、昭和二十年十一月です。このあと北野劇場は進駐軍にとられ

昭和20年11月、北野劇場
宝塚公演プログラムの表紙

ますねん。春日野八千代[5]のピノチオ、神代錦[6]のコオロギ、淡島千景[7]が妖精でした。これがもう、素晴しいレビューでした。四へんくらい行きましたかね。中学の友達も誘ったこともあります。主題歌の「懐かしの丘」は今でも歌えます。宝塚大劇場は戦争中とられてて、昭和二十一年四月に再開しました。これは観に行ってます。これは進駐軍が写したフィルムが残ってて、この間どこかでやってました。それから昭和二十五年くらいまでは、毎月みてました。大評判になったのは、「虞美人」[8]です。春日野の項羽と、神代の劉邦と、二人ほんまもんの馬に乗って出てきました。生きた馬にね。それはもう、えらいことでした。

1　宝塚歌劇団は二〇一四年四月に創立百周年を迎え、記念式典などが行われた。
2　一九三七年に大阪市北区に開館。
3　一九四二年十二月。
4　一九〇五～八〇年。大正から昭和にかけて六十二年間在団し、「宝塚の至宝」と呼ばれた。
5　一九一五～二〇一二年。「白薔薇《ばら》のプリンス」と言われ、男役トップスターとして一世を風靡《ふうび》した。

6　男役トップスター、一九一七～八九年。
7　娘役、一九二四～二〇一二年。戦後、映画界に転身し、広く演劇界で活躍した。
8　一九五一年八月、星組が初演。空前のヒットとなる。

レビューが好きでしたから、この時分、天津乙女の踊りをなんべん観たことか。六代目尾上菊五郎[1]を崇拝して、舞踊の名手でした。鏡獅子とか奴道成寺とか。そら見事なものでした。その後、私は病気になって寝込んでしまいまして。何となく宝塚歌劇から遠ざかりました。

三十年代の後半頃から、また行くようになりました。うちの家は宝塚に近いんです。電車で十五分で行けます。気分のええ時、ちょっと行こか、というようなこともありました。その頃はね、切符売り場行ったらね、ええ席なんぼでもおましてん。今はそういきませんけど。

それから関大に勤めだした時分[2]、ちょっと続けて通いました。兄の知り合いの関係で生徒さんがいてはりましてね、見たってくれゆうので、その子が出る公演を、兄と一緒に見ました。切符をとってもらって、一番前、銀橋《ぎんきょう》[3]のところで観ますねん。私もそうですけど、兄も和服着てます。楽屋で評判なったらしいです。「着物着た男の人、今日も二人いてるわ」ゆうてね。

宝塚歌劇との関係で言いますとね、名演出家で、今も活躍なさってる柴田侑宏《ゆきひろ》[4]さんとは高校時代、同じクラスになったことあります。というても、私の方が年上です。私は旧制の高津中学に入ったんですが、何回も落第して、新制高校二年の時に、柴田さんが転校してきはって、一年間、同級でした。この組が変わってましてね、ほかの組は五十人くらいいるのに、この組は二十人くらい。私はほとんど学校に行きまへんでしたのでね、あきれてはったと思います。その頃、柴田さんと話をしたことがあります。島崎藤村が好きや、ゆうてはりました。私は読んだこともない。辛気くさいなあと思ったのを覚えてます。私は永井荷風とかが好きだしたんでね。それくらいです、それから会うてまへん。もう少し早く、「高津でご一緒でしたな」ゆうたら、思い出していただけたかも知れまへんけど。

1　大正、昭和時代を代表する歌舞伎役者、一八八五〜一九四九年。舞踊を得意とした。
2　筆者は一九七四年に関西大学図書館の非常勤嘱託となり、八四年に文学部教授に就任。九〇年まで勤めた。
3　宝塚大劇場のオーケストラボックスと客席の間にあるエプロンステージ。
4　宝塚歌劇団専属の舞台演出家、一九三二年生まれ。

大阪大空襲

今でも、高津中学、高校の同級生と、年に一度は会う機会があります。この間、中学で同級やった、藤森貢[1]君と会いました。よう勉強できた方でね、大阪市立大学の医学部にお入りになりました。麻酔がご専門で、大学病院の院長もされました。その時に、医学雑誌に掲載された、麻酔施術の歴史について書かれたもの[2]の抜き刷りをいただきました。それでな、私もこの連載のコピーをお送りしたんです。そしたら、すぐに返事をいただきました。これがびっくりです。ご存じのように、大阪市内は昭和二十年（一九四五）三月十三日夜から翌十四日未明の空襲で、ひどい被害を受けました。島之内の私の家も焼け、何もかもなくなりました。そのことは、連載の初めでお話ししました。

藤森君の手紙には、十四日のことが書いてありました。

その頃、藤森君は奈良の大和高田から通ってはりました。もう一人同級で、北村拓君も香芝から通ってました。その日は奈良は空襲を受けませんでしたんでね、二人で学校行ったそうです。近鉄は動いていたんです。いつものように午前八時に着いたんですが、大阪はあたり一面、焼け野原です。学校は当然、休校です。行くとこあらへん、さあ、どうしようと。上六（上本町六丁目）からミナミまで歩いて行ったそうです。それで、道頓堀の松竹座の前まで行ったら、開いてたんやそうです。映画も上映していたそうです。二人で入ろか、ということになって、中で映画を見た、ゆうんです。

道頓堀のほとんどの劇場が焼けた中、松竹座が焼け残ったんは確かです。社員さんは出勤してきたんでしょう。映画も上映できる状態やったんでしょう。それにしても、空襲の翌日に松竹座で映画をやっていて、それを実際に見た、なんて話はこれまで聞いたことおまへん。七十年以上も前の秘話です。今も生きてるのは、藤森君だけかもしれん。北村君は早うに亡くなりましたんで。松竹座では何の映画をやってたんでしょうな。ちょっと気になります。[3]

1　大阪市立大学名誉教授（麻酔学）、一九三二年生まれ。
2　日本医史学会関西支部機関誌の『醫譚《いたん》』に掲載された「麻酔科の『あけぼの』」（二〇一五年七月）。
3　藤森さんに当日のことをお聞きしました。「学校から上六、日本橋とずっと西に歩いて行きました。一面が焼け野原でした。日本橋の交差点付近には遺体がいっぱい並んでいましたが、感覚がまひしていたのか、そのまま通り過ぎました。松竹座では確か、ニュース映画を見たのは覚えています。劇場の中はお客さんがいっぱいで、立ち見だったと思います」

松旭斎天勝

明治時代から大正、昭和のはじめに活躍した松旭斎天勝《しょうきょくさいてんかつ》（初代）[1]という奇術師がいます。「魔術の女王」といわれた人です。今はプリンセス天功が人気ありますけど、天勝の奇術は天功とは違《ちご》うて、優しい感じ、しかも華やかな大舞台でした。

この間、家の中で調べものをしていて、その資料がまとめて包んであるのを見つけました。私のんやおまへん。叔父の昌三[2]が残したものです。天勝が年一回、大阪に来たら必ず観《み》ていたんでしょうね。プログラムを丁寧に残しています。大正元年（一九一二）から昭和四年（一九二九）までだいたい、そろってます。

大正元年のプログラムは立派なものです。演《だ》し物が全部絵にしてあってね、実に傑作です。その時に演目はそろっていたんですね。私は、昭和九年と十二年、十三年と三回観てますけど、構成は、そんなに変わってないと思います。

私が持っているこのプログラムには、毎年の公演の演目が書いてありますさかい、変わりようなんかを丁寧に見ていったら、天勝の奇術研究ができるかも知れません。大学院の学生さんの中で、論文でも書こうか、という人がいたらおもしろいのですが。

私が観た演目で覚えているのは、「鳩《はと》すくい」。天勝が、大きな網を空中でパーと振ったら、鳩が入っているんです。それを籠にいれて、また空中で網をふると、鳩が入っている。これは子ども心に面白かったです。それと水芸が売り物でした。華やかで楽しい舞台でした。のちに、新派の「滝の白糸」[3]の劇中劇で水谷八重子[4]がそのままの形で演じてました。

それから一座の見せ物として綱渡りがありました。アメリカ帰りのヘンリー松岡、ゆう曲芸師が、「空中大冒険曲技」というのをやるんです。舞台の端から三階まで綱を張ります。ヘンリー松岡が傘もって、和装で三階まで渡っていく。途中で、ちょっとよろけるようなまねをして、客席をわかせます。一番上まで上がって、そこで傘を広げて、見えを切ります。そのあと、さーと下まで滑って降りるんです。そら、おもしろおました。

1　一八八六～一九四四年。奇術師・松旭斎天一の弟子となり、日本人離れした体格と美貌で、スターとして活躍。二十七歳で独立、「天勝一座」を率い、奇術やダンス、寸劇などを盛り込んだショーで人気を集めた。

2　肥田昌三、一九〇三～六九年。

3　泉鏡花の小説を原作とする劇。新派の当たり演目となった。

4　初代、一九〇五～七九年。新派を代表する女優。

松旭斎天勝は初代、二代目[1]の二人の舞台を観《み》ています。昭和九年（一九三四）は初代の引退興行、十二年は二代目の襲名披露。この二回は中座でした。それから十三年に大劇で、初代と

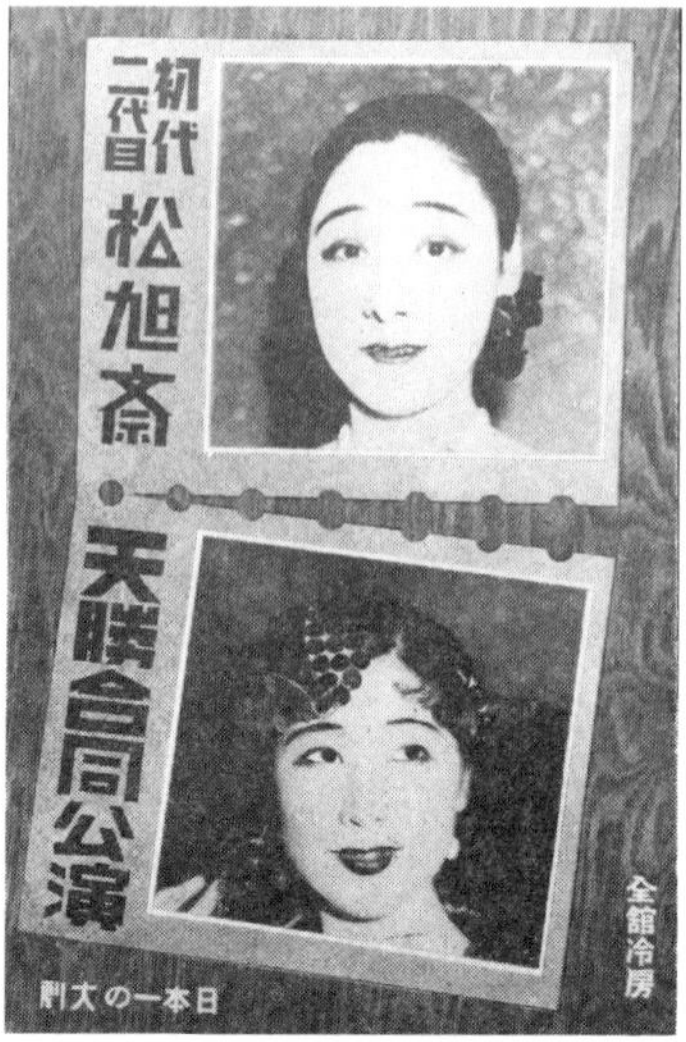

初代と二代目の天勝が出演した
昭和13年の公演のパンフレット

二代目の両方が出てる舞台を観ました。初代の引退のあと、全国に天勝の偽者が現れたそうです。二代目が誕生して、しばらくは二人が同じ舞台でそろって公演していたようです。私としてはね、晩年の初代を観たというのがうれしいです。

　大阪では明治四十五年（一九一二）から年に一回必ず、公演をしてます。松竹の創業者の白井松次郎[2]が呼んだんです。引退興行のパンフレットに白井さんが書いてはります。「思えば、（天勝）嬢の舞台生活も随分永《なが》い間のものですと同時に、私と天勝嬢との交渉も相当に永い間のものです」と。国宝的存在、とまで書いてます。この時分、奇術でこういう大興行を打てるのは、天勝だけやった。それだけ大きな存在やったんです。

　初代もきれいな方でしたけど、二代目も白いドレスがよう似合いはって、初めて見た時、ほんとうにきれいな人やな、と思いました。実はこんなことがおましてん。

　大阪・本町の野村銀行本店ビルに、「有恒倶楽部《ゆうこうくらぶ》」[3]ゆうクラブがありました。うちのおじいちゃん、ここの理事長をしてました。家族会というのがありまして、噺《はなし》家呼んで話聞いたりしますねん。小学生やったから、昭和十二、三年頃かな、二代目の天勝に来てもろたことがありました。

その時に、客席のお嬢さん、お坊ちゃん、どうぞあがってください、ゆうて、私と姉が指名されたんです。助手の女の子に連れられて、二人で舞台に上がった。テーブルに天勝、左右に私と姉が座って、紅茶よばれてね、話しますねん。途中でね、天勝が私の学生服のポケットから、私の知らない万年筆やったか、抜き出したんです。わたしがきょとんとした顔をしてたら、客席がどっとわきました。舞台に連れて行かれるときに、ちょっと胸のところを触られましたような気もします。その時すっといれたんやな。そういうことで、私は天勝とは同じ舞台を踏んでますねん。

1　初代のめい。初代引退後、天勝の名前を継ぐ。
2　一八七七～一九五一年。双子の兄弟の大谷竹次郎とともに、松竹を創業した。
3　市立大阪高等商業学校（現大阪市立大学）の同窓組織として一九二六年に設立、二〇〇三年解散。

戦後のジャズ

戦後のジャズについてお話しようと思います。戦争が終わった昭和二十年（一九四五）九月から進駐軍の放送が一般の日本人にも聴けるようになりました。コールサインはＷＶＴＲ[1]が東京で、ＷＶＴＱが大阪やったかな。進駐軍の放送で、アメリカの音楽がじゃんじゃん入ってきました。私と同年配の少年たちの中には、進駐軍のラジオを通じてジャズに親しんでいた人も多かったみたいです。みんな進駐軍放送でジャズに開眼します。ただ、私の家は戦災でラジオも蓄音機もレコードも焼けてしまいました。戦後もよう補充もしませんでしたから、私自身は放送とかレコードとかは無縁でした。それに元々、私の父親はあんまりジャズ音楽みたいなものは、聞いてなかったようです。

戦前の昭和十年頃、アメリカのレコード会社から、ジャズのええレコードがどんどん出てました。その当時から、慶応や早稲田の学生のジャズファンは随分多かった。戦後になって、ラジオ番組でジャズの司会したり、啓蒙運動したりするのは、みんなそういう人たちです。私の母親の弟、叔父にあたるんですが、それが音楽が好きでして、ＳＰレコードをたくさん集めてました。残念なことにフィリピンで戦死したんですけど。その奥さんが堺の浜寺にいてまして、昭和二十一年か二十二年頃、そこに遊びに行きました。二階の叔父の部屋にレコードがいっぱいありまして、私ひとりで聞いたりしてました。

ヨーロッパ系の音楽が主でしたけど、一枚だけ、トミー・ドーシー・オーケストラ[2]の「インドの歌」[3]ゆうのがありました。たまたまかけたら、もう、何ともいえんリズムです。心がうきうきしまんねや。全然知りません。繰り返し繰り返し、十へんくらい聞きました。トミー・ドーシーが何者やとかね、全然知りません。「インドの歌」はクラシックの主題曲をジャズ化、ダンス音楽化したもんでね、四ビートのスイングのリズムに初めて逢《お》うた。ほう、こういう音楽あるんかと思いました。ジャズ音楽のおもしろさを知ったんです。

1　一九四五年九月、NHKの一部を接収して開局した、米軍軍人、軍属、その家族向け放送のコールサイン。その後、各地で放送が始まり、後にFEN（極東放送網）と呼ばれた。現在はAFNに改称。

2　トミー・ドーシー（一九〇五〜五六年）はアメリカのジャズトロンボーン奏者、バンドリーダー。

3　SONG　OF　INDIA。一八九八年初演の歌劇「サトコ」のアリアをトミー・ドーシーがジャズにアレンジした。

昭和二十三年（一九四八）です。それまで旧制の高津中学生やったんやけど、今度は新制高校一年生になりました。[1]私が落第したんで同級生ゆうても二歳ほど年下ですけど、ジャズのファンがいっぱいおるんです。詳しいんだ、みんな。熱心にラジオを聞いててね。この連中がね、内田英一[2]さんといわれる方が開いている「関西スイング愛好協会（KSLS）」[3]のレコード・

コンサートに行ってるんや、ゆうんです。

内田さんは、元ＮＨＫのアナウンサーさん。ものすごいジャズのレコードの収集家でした。おそらく戦前のものは全部持ってはったと思います。おうちにうかがいますとね、六畳か八畳の部屋の壁面が全部棚で、レコードが入ってますねん。

曽根崎小学校で開かれたKSLS例会。前列右から3人目が内田英一さん、中列右端が筆者
（昭和25年4月）

レコード・コンサートゆうても、今では分からはれへんけど、内田さんの解説を聞いて、それに関連したレコードを聴かせてくださる。その頃はね、若い高校生の連中が大勢、行ってたんです。そこに連れてってなあ、と友人に頼んで、それで入会しました。それからは毎回、皆勤賞です。

決まった会場はないんです。月に一回、会場を借りてそこでする。私が最初行ったんは曽根崎小学校。[4] 講堂やないんですわ、二十人くらいが座れる部屋でした。喫茶店をお借りしたこともあります。知らんで入ってこられたお客さんも、一緒に聞いておられたりね。

同じ高校から行ってたんは十人くらい。私は一番年上やったんでね、後から入ったんやけど、大将格になりまして、内田さんから言われて、ＫＳＬＳの幹事になりました。機関誌なんかも作りました。『ＨＯＴ』ゆう題でね。三冊くらい出たかな。ゆうても八ページか十二ページくらいのもんですけど。

第一回例会から、会の日付と、テーマ、場所と、全部、内田さんとこで資料をみせていただいて、作ったんだ。それをお見せしたいもんやから、家の中をさんざん捜しましたんやけど、どうしても出て来ない。せめて、ＫＳＬＳがいつからどこでやっていたか、それを見ていただいたら、わかるのに。

1　六・三・三・四制とする学制改革により、新制高校が発足。旧制中学から移行した。
2　元ＮＨＫアナウンサー。戦後、関西を中心に、ジャズ、ポピュラー音楽評論家として活躍した。
3　Ｋａｎｓａｉ　Ｓｗｉｎｇ　Ｌｏｖｅｒｓ　Ｓｏｃｉｅｔｙの略。
4　大阪市北区曽根崎二丁目。一八七四年に開校。一九八九年に別の小学校と統合して大阪北小学校になり、二〇〇七年に閉校した。

「関西スイング愛好協会（ＫＳＬＳ）」では、レコード・コンサートとともに、内田英一さんがジャズの歴史を教えてくれるんです。今日はベニー・グッドマン[1]、次はデューク・エリントン[2]とかね。いろんなテーマをもうけて話してくださりました。

謄写版（ガリ版）のプリント作って、分けていただきました。私が入る前からのバックナンバーも全部分けとくなはれ、と頼んで。これが、いわゆる教科書です。

その頃は、ポータブルのプレーヤーを手に入れて、色々とレコードを買《こ》うて勉強してました。熱心でした。日本でもその頃ね、ええレコードが出てました。コロンビアレコードから「ジャズの歴史」というシリーズがありました。十枚やったか二十枚やったか。相当売れたはずです。アメリカではその頃、ウディ・ハーマン[3]、スタン・ケントン[4]とか、プログレッシブ・ジャズという新しいジャズが現れます。

最新の情報は入ってくるんですけど、レコードがない。聞きたいけど、聞けないんです。たとえば、ウディ・ハーマンの「サマー・シーケンス」という四枚組みのレコードが評判や、という情報がありました。待ちかねていてね、ようやく出た時には、うれしかったです。

ＫＳＬＳではふだんは内田さんがお話してくれはるんですが、年に一回か二回、神戸から油井正一[5]さんが来られます。慶応出身で、神戸で会社なさってて、ジャズのことがものすごく、お詳しい。話が上手でね、突っ込んだおもしろさがあります。私らみんな、完全な油井ファンです。内田さんが気ぃ、悪するかもしれませんけど、とにかく、油井さんの話を聞きたくて。油井さんは当時から、洋書に目を通して、アメリカの情報を把握してはったんです。その後、東京に行かはります。ジャズの歴史について本にまとめたり、ビリー・ホリデイ[6]の自伝を大橋巨泉と共訳したりして。日本のジャズ評論界の第一人者にならはったんです。そら、私らがお話に夢中になったはずです。

1　アメリカのジャズバンド・リーダー、一九〇九～八六年。スイングジャズの代表的存在。
2　ジャズピアノ奏者、オーケストラ・リーダー、一八九九～一九七四年。
3　一九一三～八七年。
4　一九一一～七九年。
5　ジャズ評論家、一九一八～九八年。『生きているジャズ史』（シンコー・ミュージック、一九八八年）など著作多数。
6　女性ボーカリスト、一九一五～五九年。

戦後、大阪ミナミにはキャバレーやダンスホールが次々とできました。当時はどの店も全部、生バンドが演奏してます。宗右衛門町に「サヴォイ」というキャバレーがあって、堀田実[1]さんのバンドが演奏していた。御堂筋をはさんで向かいには「ハリウッド」があって、ここはだれやったかな、タンゴバンドやったと思います。それから、八幡筋の「美人座」はね、浜田元治[2]さん。キャバレー「ユニバース」、ここは義則忠夫[3]さんのバンドです。

「関西スイング愛好会」（ＫＳＬＳ）で頼んで、その生バンドの演奏を順番に聞かせてもらいました。開店前に押しかけます。皆さん、気張ってね、バンドで一番ええもんを聞かせてくれはった、と思うんです。私ら偉そうに聞いてるけど、お礼も払わへんかったと違うかな。そ

昭和20年代後半の大阪ミナミのキャバレー、ダンスホール

やから、あの当時の大阪のビッグバンド、たいてい聞いてますねん。時代もよかった。今から思たら、ありがたいことです。

ＫＳＬＳの運営は内田英一さんがされてましたが、会長は白壁武弥[4]さんです。整形外科の先生です。ジャズがお好きでね、米軍が戦時中から戦後にかけて、兵士の慰問用に作っていた「Ｖ―ディスク」ゆうレコードのものすごいコレクターなんです。プラスチック製で落としても割れない。クラシックもあるけれど、ジャズがいっぱいありました。

Ｖ―ディスクの値打ちは、アメリカの新旧のジャズを網羅しているだけやないんです。昭和十七年（一九四二）くらいからアメリカで音楽関係の組合のストがあって、この時期の録音は、Ｖ―ディスクにしか入ってないのも多いんです。

白壁さんは、会には出てきはれへんねんけど、色々とＫＳＬＳを援助してくれました。大阪・池田市のご自宅に呼んでもろて、年に一回、忘年会をしてくれます。私らを大人並みに扱ってくれはりました。そんなＫＳＬＳですけどな、昭和二十八年ぐらいまでかな、私が行ってたのは。高校も落第を重ねまして、一緒にジャズを聞いていた連中が卒業して、私ひとり、残された形になった。自然と行かんようになったんです。

1 「堀田実とその楽団」で活躍。
2 「浜田元治とブルー・セレナーダス」。
3 トランペッター。「キャスバ・オーケストラ」。
4 一九〇五～八一年。大阪の美容整形外科の草分けとして有名で、レコードの収集家としても知られる。

戦争が終わってしばらくするとね、アメリカから、ジャズ映画が次々と入ってくるようになりました。たとえば、「アメリカ交響楽」。ジョージ・ガーシュイン[1]の伝記映画です。つけていた日記を見ますとね、昭和二十二年（一九四七）に、梅田シネマで観《み》ています。このときは普段の倍、二週間の興行でした。特別出演のアル・ジョルソン[2]がスワニー歌う。ポール・ホワイトマン[3]がタクト振る。ガーシュインの名曲が次から次へと流れて、最後が「ラプソディ・イン・ブルー」です。

昭和二十三年二月には、「姉妹と水兵」[4]という映画を観てます。これは戦争中の慰問映画なんです。筋も面白いですけど、音楽がすごい。アメリカの音楽映画の傑作です。ほかにもね、カーク・ダグラス[5]が主演した「情熱の狂想曲《ラプソディー》」（一九五〇年）。これはビックス・バイダーベックゆう一九三〇年代のジャズマン、若死にするんですけど、その人の伝記映画です。そんな映画を見ながら、ジャズに親しんでいきました。

それから、アメリカのジャズのミュージシャン本人が来日して、公演するようになります。最初は、昭和二十七年です。ジーン・クルーパ・トリオ。クルーパは、ベニー・グッドマンの「シング・シング・シング」で太鼓叩《たた》いてた人です。それがね、ピアノとテナーサックスを連れて三人で日本にやってきます。これが本場のジャズメンの大阪初登場です。北野劇場は進駐軍にとられてましたんでね、梅田劇場です。大入りでした。

そのあと、「JATP（JAZZ AT THE PHILHARMONIC）」。昭和二十八年ですな。ノーマン・グランツ[6]が、色々なジャズミュージシャンを集めて、引き連れて日本へやってきた。この時も梅田劇場。超満員でした。ピアノ弾きがオスカー・ピーターソン、これが名人です。それからエラ・フィッツジェラルド[7]、エラがでてきたらな、乗りに乗ってね。そらもう、すごかったですわ。ほんまに、劇場がつぶれるんとちがうか、思ったくらいでした。

1 アメリカの作曲家、一八九八～一九三七年。
2 歌手、俳優、一八八六～一九五〇年。
3 ポピュラー音楽指揮者、一八九〇～一九六七年。
4 一九四四年製作。バン・ジョンソン、ジューン・アリスン主演。
5 アメリカの映画俳優、一九一六年生まれ。
6 ジャズ音楽プロデューサー、興行主、一九一八～二〇〇一年。
7 二十世紀アメリカを代表するジャズ・シンガー、一九一七～九六年。

ジャズは、色々聞きましたけど、結局ね、デューク・エリントン[1]がものすごう、好きになりました。今はエリントンしか聞かない。一辺倒です。別物やと思うんですわ、エリントンという人は。これこそ、ジャズの完成した形やと思ってます。

昭和二十八年（一九五三）、心斎橋の百貨店のそごうが進駐軍に接収されて、PXになって、兵隊たちの買い物の場所になってました。サンフランシスコ講和条約[2]が発効して、そごうが久しぶりに開業します。そこにレコード部ができてね、アメリカのレコードを輸入して置いてたんです。

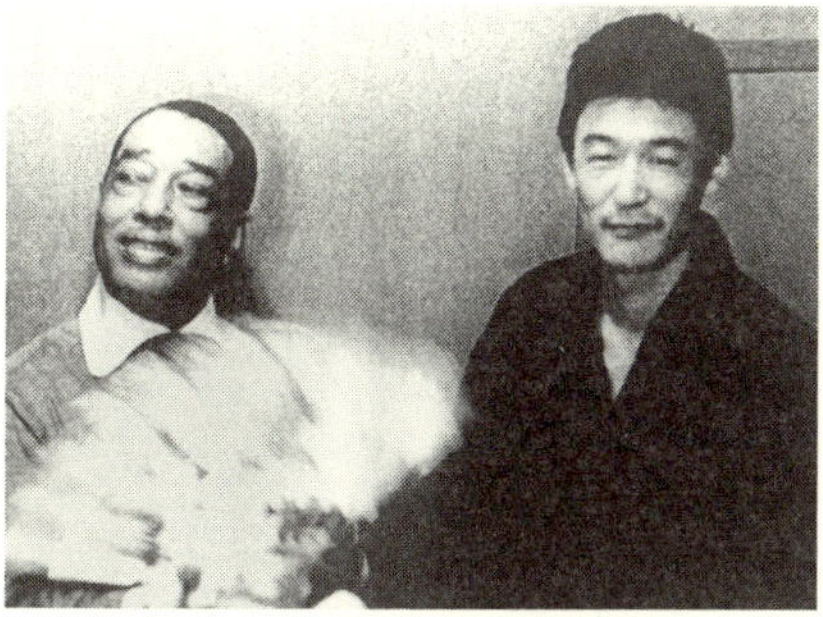
エリントン（左）の楽屋を訪れ、扇子をプレゼントした筆者

エリントンのレコードはよう買いました。向こうで出たらすぐに注文してね。昭和二十八年から、病気になる三十三年までのエリントンの新譜は全部、舶来ですねん。一枚一枚聞くのにどれだけ苦労したことか。今はCDで出てますさかい、いっぺんに聞けますから、簡単なことです。私らの苦労は、馬鹿みたいです。『エスクワイヤ』とか、アメリカの雑誌もエリントンが載ってたら買いました。それを全部切り抜いて、表紙つけて製本しました。張り混ぜ帳ですな。探したんですけど、それも見つかりません。

昭和三十九年です。エリントンが初めて大阪に来ました。

もちろん聞きに行きました。フェスティバルホールです。その時、楽屋行ったんですわ。エリントンさんにね、京都で、すごくきれいな扇子買うてね。そしたら、会うてくれはりました。たまたまいた読売の記者さんが、二人でいるところの写真を撮ってくれました。その時のパンフレットも残ってます。クーティ・ウィリアムス、[3]ジョニー・ホッジス。[4]みんな名人です。全員のサインをもろてます。もちろん、エリントンも。よう、機嫌ようにサインしてくれたものですわ。

1　アメリカのジャズピアノ奏者、オーケストラ・リーダー、一八九九〜一九七四年。戦前から戦後にかけ、数多くの名曲を発表した。

2　第二次世界大戦終結のため、一九五一年九月八日に、連合国と日本で結ばれた条約。発効は五二年四月二十八日。

3　トランペット奏者、一九一一〜八五年。

4　アルトサックス奏者、一九〇六〜七〇年。

食満南北

大阪を代表する劇作家に、食満《けま》南北[1]とゆう方がおられます。十一代目片岡仁左衛門[2]、それから初代中村鴈治郎、[3]二人とも大阪を代表する名優です、この座付作者でした。明治から戦後まで、長いこと活躍しはりました。劇作だけではなく、何でもできた方です。随筆や小説、川柳のほか、書画もとてもお上手でした。

『食満南北著『大阪藝談』』刊行記念展「食満南北」の会場を訪れた筆者

南北が戦前に、『大阪藝談《げいだん》』という本を書いてたんです。原稿もできあがってたんですが、どういうわけか行方がわからなくなって出版されなかったんです。それが七十年以上もたって、ほとんどそのまま出てきたそうです。[4]この本を、神戸女子大学の古典芸能研究センターが出版することになった。[5]嬉《うれ》しいことです。これにあわせて、センターで、展観[6]をしてます。そこに行ってきました。

南北にかんするえりすぐりの資料がそろった展観です。見つかった『大阪藝談』の生の原稿があります。「福助足袋参考館用」と書かれた原稿用紙に書いてありました。たぶん、南北と仲の良かった岸本水府[7]が「福助」に勤めてた縁やないかと思います。落語に文楽に俄《にわか》に。表紙もつけている。この交友は南北ならでは、です。本ができるのは楽しみです。

文楽用に書かはった「恩讐《おんしゅう》の彼方に」の床本《ゆかほん》もありました。竹本綱太夫[8]が直した字も入ってます。息子さんの豊竹咲太夫さんから、お借りになったそうです。

著書もほとんどがありました。よう集めはりました。掛け軸も、ええのがありました。書画はものすごうまいこと描きはりますねん。手紙でも絵をささっといれて。これがとってもお上手でした。

中でもね、「芝居のあくまで」という巻物。関西大図書館の所蔵です。芝居の準備、役者たちの本読み、色々とありますけど、その段取りを、絵を描いて、絵巻になってるんです。とってもええもんです。南北は、晩年は崩した絵みたいなのが多いですけど、若い時の作品やからか、しっかり描いてはります。

1　一八八〇〜一九五七年。

2　一八五八〜一九三四年。当代（十五代目）仁左衛門の祖父にあたる。屋号は松島屋。

3　一八六〇〜一九三五年。屋号は成駒屋。

4　神戸女子大学名誉教授の阪口弘之さんが入手。原稿用紙六百十九枚。歌舞伎、上方落語、文楽など八冊に分かれており、そのうち五冊目だけを欠いている。神戸女子大学古典芸能研究センター所蔵。
5　『食満南北著『大阪藝談』』（和泉書院、二〇一六年）として出版された。
6　刊行記念展「食満南北」。二〇一六年五月十一日～六月十五日、神戸市中央区中山手通二の二十三の一、神戸女子大学古典芸能研究センターで開催。
7　川柳作家、一八九二～一九六五年。
8　八世。文楽太夫、人間国宝、一九〇四～六九年。

食満南北というとね、ミナミ・道頓堀の相合橋の北詰にある句碑が有名です。「盛り場をむかしに戻すはしひとつ」。もともとは一つ西の太左衛門橋のところにありました。空襲で橋が焼け落ち、戦後、再建された時に作った川柳やと聞いてます。句碑建立の発起人たちの名前が裏に刻まれてます。これがすごい。日本画家の菅楯彦《すがたてひこ》[1]が代表で、そのほか、当時の名士がずらりと並んでます。中村鴈治郎[2]、竹本綱太夫[3]、長谷川幸延[4]――。南北の交友の広さがわかりますわ。

今回、見つかった『大阪藝談』の原稿はね、南北ならではの交流をもとに、歌舞伎、文楽、落語のことを書いてあるんやと聞いています。本が出るのがほんと楽しみです。昭和十八年（一九四三）に出た自伝の『作者部屋から』（宋栄堂、一九四四年、後、ウエッジ文庫、二〇〇九年）と同じ頃に書いていたものらしいです。この本は南北の書いたもののなかで一番ええもんやと思います。南北のたどった生涯のおもしろさが味わえます。

南北はもともと、大阪・堺の出身で、造り酒屋かなんか、大きな店の若旦那やったそうです。東京に出て福地桜痴[5]の弟子になりますけど、なんかの理由で大阪に帰ってくるんです。随筆なんかは、雑誌の『上方』にもよう書いてます。大阪で雑誌が出たら、必ず南北になんか書いてもらう。そやから、南北と藤沢桓夫さんはたいていどの雑誌にも載ってますわね。

そのほかにも、ミナミで催しものがあると、行灯《あんどん》をかけることがようあります。行灯が百くらいあっても、絵を描いて、ちょっと川柳も添えて。あっと言う間に出来上がったそうだ。そら達者です。

今回の神戸女子大の展観もよろしいけど、これだけ、大阪で業績を残した人やから、是非、大阪で南北展やったらええねのにな、とずっと思ってますねん。南北の書画はあちこちで皆さん持ってはるし、すぐに集まると思います。実は私も行灯ひとつ持ってますねん。五十年も六十年もあけてみたことありませんねんけど。紙かけたまま納屋に置いてます、虫食うてるかもしれませんけどな。

1　大阪を代表する日本画家、一八七八〜一九六三年。
2　二代目。歌舞伎役者、一九〇二〜八三年。
3　八世。文楽太夫、一九〇四〜六九年。
4　小説家、劇作家、一九〇四〜七七年。代表作に「桂春団治」など。
5　一八四一〜一九〇六年。幕末から明治にかけてジャーナリスト、作家として活躍した。

宇崎純一

明治の終わり頃から大正、昭和にかけて大阪で活躍された絵描きさんにね、宇崎純一《すみかず》[1]という方がおられました。スミカズと呼ばれてました。大正ロマンの時分です。竹久夢二[2]が有名で、ごっつう人気があったんですけどね、スミカズは、「大阪の夢二」といわれてました。とりわけ、女学生に人気でした。

作風は、やっぱり夢二調と言ってええかもしれません。抒情的《じょじょうてき》な絵です。なんとなくはかなげな女性をよう描いてます。大阪の家村文翫堂《ぶんがんどう》という本屋から、何枚か一組のスミカズエハガキ、スミカズカードが出て、これがよう売れる。大阪の新聞の挿絵なんかもよう描いてはりました。

私はね、スミカズの仕事の中では、明治の終わりから大正の初めにかけて出た三冊の『スミカズ絵画の手本（正、続、新）』が代表作やと思ってます。コマ絵ゆうてね、小さなカットみたいなもんです。それを見ると、明治の終わり頃の暮らしがわかるんです。たとえば、大掃除やら、引っ越しやらね。庶民の生活が描かれてあります。その絵がとっても上手なんです。

スミカズは、大阪・千日前にある「波屋書房」の持ち主でした。経営は弟さんがやってはったんですけど、この二階で絵を描いてはったそうだ。この波屋が藤沢桓夫さんらの同人雑誌『辻馬車』[3]の出版元です。藤沢さんや織田作之助[4]もこの本屋にはよう通っていたようで、作品にも出てきます。大阪の文芸の中心みたいなところやったんです。

私はね、小学生の頃、昭和十三〜十五年（一九三八〜四〇）頃に、父親と一緒によう波屋に行ってましてん。そしたらな、必ずスミカズさん、いらっしゃるんですわ。店は番頭格の人に譲りはった後やったんです。店の奥のほうのガラスの入った本棚のところに立ってね、表の南海通りの人通りを眺めてはりました。父親はスミカズの本はたいてい買うてたんと違うかな。家の書棚に、スミカズの本がずっと並んでました。店に行くとあいさつしてましたさかい、私も子ども時分から、スミカズは知ってました。お辞儀するだけやけどね。

1　一八八九〜一九五四年。
2　大正ロマンを代表する画家、詩人、一八八四〜一九三四年。
3　藤沢桓夫が旧制大阪高校在学中、武田麟太郎、長沖一らとともに発刊した同人誌。
4　作家、一九一三〜四七年。

「大阪の夢二」ゆうて、女学生にあんなに人気のあった画家のスミカズ（宇崎純一）ですけど、戦後まったく忘れられて、名前が出ることもありませんでした。父が親しうしていただいたという縁もありまして、そのことをずっと、残念に思ってました。昭和五十五年（一九八〇）でしたか、雑誌『銀花』に「大正ロマンの片影」という題で、堂本印象[1]や、加藤まさを[2]とか、大正時代に活躍した画家のことを書きました。ここにスミカズのことも入れました。

　美術事典とか調べたけど、スミカズのことは載ってないんです。詳しい人に、大阪でスミカズのコレクターみたいな人はいらっしゃいますか、と聞いたんですが、「おまへん」という返事でした。材料も乏しかったんですが、画集が一冊と、スミカズが描いた「波屋書房」の包み紙が手元にあったので、カット写真に使いました。波屋のご主人が喜んでくれてね、複製されたんです。復活したいと思ってたそうですが、それまで現物がなかったそうだ。今の波屋のブックカバーは、昔のスミカズの馬車の絵です。

大正時代、女学生に人気だったスミカズカード

　私がもってるスミカズカード、スミカズエハガキが、八十七集とか九十一集。どっちも百集近く出てます。ところが現在、ほとんど残ってない。スミカズ作の絵の手本というのもずいぶん出ています。それを観《み》たいと思っても、大きな図書館でも、まとめて置いているところはないのと違いますか。ところが、『銀花』にスミカズのこと書いてからね、注目する人が増えたかして、平成四

年（一九九二）に兵庫県の小野市立好古館でスミカズの展観をやりました[3]。スミカズは小野の出身やったそうです。私も講演させてもらいました。

そんなこんなで、今はちょっとしたスミカズ人気です。古書市に出たら、ええ値段がつきますねん。カードなんか出たら、取り合いになります。古書価はあがりました。何にせよ、スミカズは、大阪が自慢してええ画家やと思います。それだけのことをされた方ですさかいね。もっと知ってもらえれば、ええんですけど。

1　京都出身の日本画家、一八九一～一九七五年。

2　大正期の代表的な抒情画家、一八九七～一九七七年。「月の沙漠《さばく》」の作詞でも知られる。

3　一九九二年十月二十四日～十一月二十三日に開かれた「幻の画家　宇崎純一～大正ロマンの残影～」。

立版古

昔のおもちゃに「立版古《たてばんこ》」というものがあります。浮世絵版画の錦絵のおもちゃ絵のひとつで、はさみで切り抜いて、ノリをつけて、組み立てるんです。そしたら、芝居の舞台やら、風景やらができます。今でゆう、プラモデルみたいなもんです。これを、夏の夜の夕涼みの床机の上なんかに、ろうそくの火をともして飾ります。江戸時代から明治にかけて、はやったおもちゃでした。

「たてばんこ」ゆう呼び方は上方特有で、「版古」ゆうのは「版行」のこと。版行物、刊行物みたいな意味です。ほんまなら「たてはんこう」というのが正しいやろうけど、大阪弁でなまって、「たてばんこ」になったんやと思います。今ではこれで全国で通用するようになりました。

「組み上げ灯籠《とうろう》」「切組灯籠」ともいいます。やっぱり、灯籠の一種やということなんでっしゃろ。こういうこと、私は知りませんでした。小さい時から「たてばんこ」ゆうてましたからな。後から考えて、おそらく以上のようなことやないかという結論に到達したんです。

立版古は大正の頃には買う人も、遊ぶ人もなくなって。ほとんど消滅してました。ただ、戦前、私が子どもの頃、御霊《ごりょう》さん1の前で、まだ現物売ってるお店残ってましてん。「桔梗屋《ききょうや》さん」という、まあ一種の本屋さんでんな。長唄の本やとかそういうもんを売ってはるお店でね。立版古をうんと持ってはって、店で細々と売ってはりました。知ってる人には有名な店ですねん。

その店に、父親が私と兄を連れて行って、立版古を何枚か買うてくれたんですわ。小学校の三年生くらいかな。「一谷嫩軍記《いちのたにふたばぐんき》」2やったと思います。家で兄と二人でその舞台を作りました。

私、その頃から歌舞伎が好きでしたんや。舞台が作れるだけで、わくわくしましまして。ほんとにもう大好きで。もっと見たい、もっと欲しいなと思って、高学年になったら、小遣いためて、自分で買いに行くようになりました。小さい三段の、船簞笥《ふなだんす》ゆうんですかな、うちにたまたまおましてね。引き出しに立版古を入れてね、喜んでました。いくつくらいあったかな。戦災で全部焼けましたけどね。

1　御霊神社。大阪市中央区淡路町。江戸時代には寄席、芝居小屋があり、一八八四年から一九二六年まで人形浄瑠璃の常設小屋「御霊文楽座」があった。
2　文楽や歌舞伎の演目のひとつ。三段目の「熊谷陣屋の段」がよく知られる。

戦後は身辺の環境がいっぺんに変わって、そんなことしてられんようになり、まったく忘れてしまっていました。それが、昭和二十七年（一九五二）か二十八年頃かな、立版古ゆうのがあったなあ、とふと思い出してね。また手に入るかなあ、とか考えました。その頃から、大阪の郷土史に興味を持って、古本屋に通うようになってました。割と老舗のお店[1]が多かったです。そんなつきあいができて、「立版古おまっしゃろか」と聞きましたら、皆さん大阪でも古いお方ばかり、よう知ってはりました。扱こうても売れないから、いくつか持ってはりました。こんなんもあるで、とわけてもらい、昭和三十年頃から、立版古をぼつぼつと手に入れるようになりました。

梅田の阪急百貨店で、「阪急古書大会」ゆうのがおましてね。大阪を代表する古書即売会でした。世話役が梅田書房。毎回、立派な目録が出るんです。島田福雄[2]さんといわれる梅田書房の番頭さんが、編集してはりました。島田さんは自分でも絵を描かはるし、郷土史家でもあります。何でも知ってる方で、池田市の石橋にお住まいでした。郷土史の研究会[3]の役員をやってはりました。

私も池田に住んでいたので、入れてもらうようになって、会に出てました。ある時、その研究会で何か話をせえ、と言われて。私、若造でしたけど、立版古の話させてもろたんです。それまで集めた立版古、皆さんに見せながら、説明しました。だれも知りはれへん。組み立てて、こういうもんができまんねん、と紹介しました。その時、一枚プリントを作ったんです。島田さんは会は欠席されてました。そのプリントを、島田さんのところのポストに放りこみに行ったんだ。島田さん、こういうもんお好きやし、見ていただきたいと。そしたらね、島田さんから、阪急古書大会の目録に立版古のことを書いてくれ、と頼まれたんだ。それが事の始まりです。

1　高尾書店、中尾松泉堂、中央堂書店、杉本梁江堂など。
2　郷土史家、一九一〇〜八一年。梅田書房に勤務するかたわら、池田市史編纂委員、市文化財保護審議会委員などを務めた。
3　池田郷土史学会。

昭和三十九年（一九六四）、阪急古書大会の目録に「大阪の立版古」を書いたんです。見開きでね、全部で二千字ほどの短いものでした。

それを「日本浮世絵協会」の理事をしてはった今中宏[1]さんが目に留めてくださった。今中さんは大阪の老舗のお菓子屋さんのご令息です。日本浮世絵協会は、浮世絵研究の最高研究機関でね、今中さんは幕末の美人画の大家、渓斎英泉《けいさいえいせん》[2]の研究の第一人者でした。お母さんが今中さんのことをかわいがりはりましてね、お金なんぼでも出しはりますねん。今中さんも好きが高じてね、少年時代から始めた英泉の収集が大コレクションになるんです。英泉の目録も自分で出さはりました。

今中さんと心安かったわけではありません。けど、ちょっとは知ってました。今中さんから

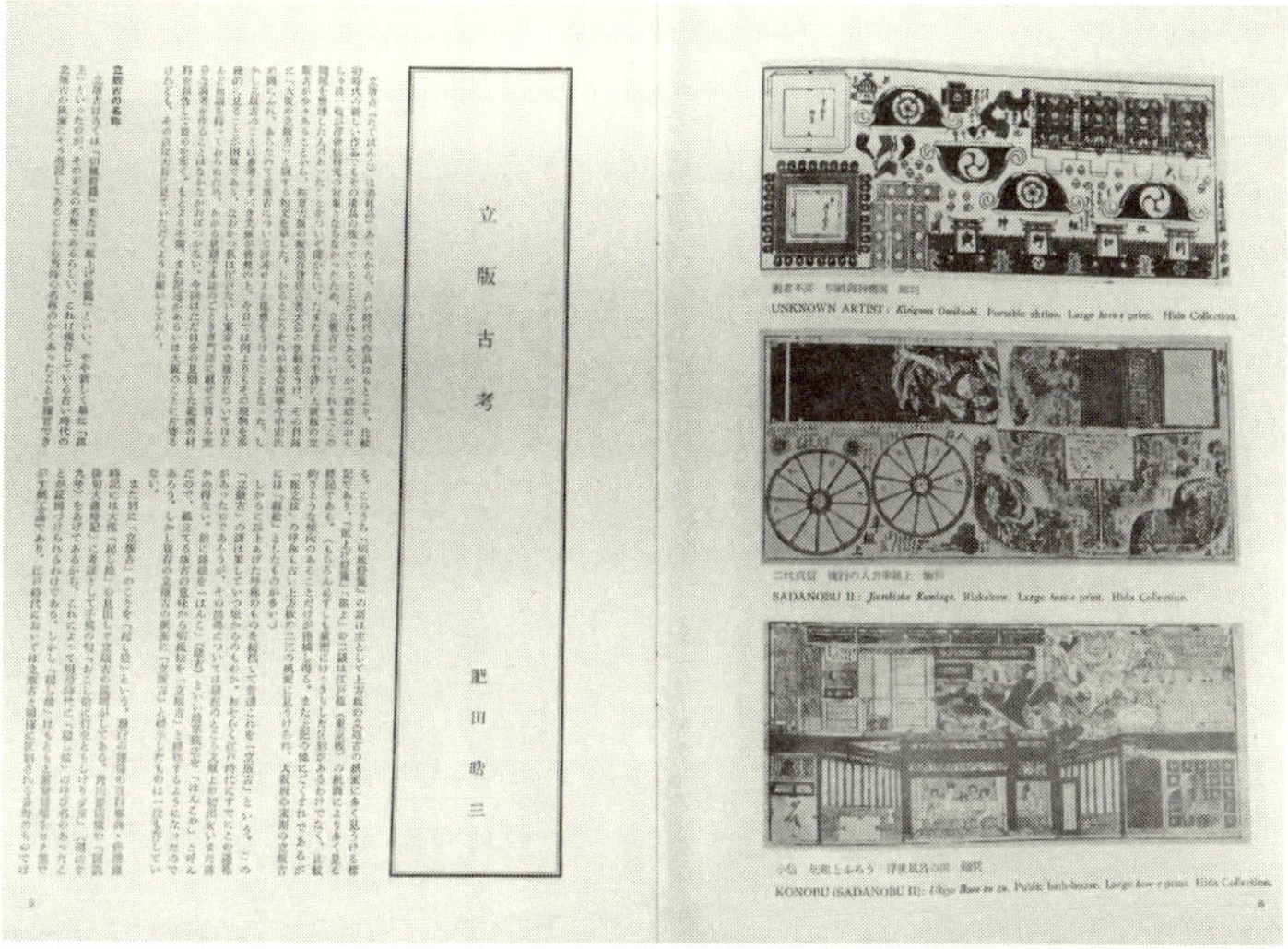

筆者のデビュー作となった「立版古考」。図版なども豊富に使っている

立版古のことをもっと詳しく書いてくれ、という依頼があった時、自信もなかったけど、とにかく書けるだけのこと書いておこう、と思いまして、引き受けたんです。

　立版古ゆうのは古うからございますけど、錦絵ではあるけれども部品に過ぎない。だから、浮世絵研究界では、おもちゃのように見られてました。取り上げる人もなかったんです。参考文献は何ひとつありませんでした。今中さんは、ものすごく応援してくださいました。私がその当時持っていたのは、大阪の長谷川貞信[3]が描いた、幕末から明治にかけてのものが主でしたけど、今中さんは江戸時代の古い立版古もたくさん、持ってはりました。葛飾北斎[4]の珍しい作品もありました。山東京山《さんとうきょうざん》[5]の草双紙で、その表紙が立版古の趣向になっているものなどもお持ちでした。

今中さんが助けてくださったおかげで、なんとか文章にすることができました。図版もたくさん入れることもできましたしね。今中さんも喜んでくれたし、私も立版古のことを書き残せて、うれしかった。それが、「立版古考」です。私のデビュー作ということになります。三十六歳の時でした。

1　大阪の浮世絵研究家、一九二八～九七年。
2　江戸後期に活躍した浮世絵画家、一七九一～一八四八年。妖艶な美人画で知られる。
3　初代は江戸後期から明治にかけて活躍した浮世絵師。二代目はその長男で、明治から昭和にかけて風景画、美人画などを多く描いた。
4　日本を代表する浮世絵師、一七六〇～一八四九年。「富嶽《ふがく》三十六景」「北斎漫画」など。
5　江戸後期の戯作者、一七六九～一八五八年。

昭和四十一年（一九六六）、日本浮世絵協会の機関誌『浮世絵芸術』に、「立版古考」[1]が載りました。計三十ページにわたって紹介して、様々な立版古の図版を何十枚も入れました。立版古の名称や起源、江戸時代からの歴史、現状などについて、載せてもらいました。この中で、正岡子規[2]の句についてとりあげました。「おこし絵に灯をともしけり夕涼み」というものです。明治二十九年（一八九六）の作らしいです。

「おこし絵」というのは、茶室を立体的に紙で作るもので、江戸時代には立版古とは別のも

「義経千本桜」の道行の場面の立版古

のやった。ところが、立版古では語呂が悪いし、切《きり》組灯籠《ぐみどうろう》では長すぎる。だから子規は立版古を「おこし絵」と呼んで、夏の風物詩とした。そこから、立版古は夏の「季語」になったんです。明治時代には、まだ立版古で遊んでましたさかいに、なんぼでも句になるんです。今では、立版古とかおこし絵は夏の句題になってます。ほとんどの方は、実物はご存じないでしょうけど。

　雑誌に掲載されたあと、百部抜き刷りにして印刷しました。立版古の一つの文献ができたということでね。立版古が市民権を得るきっかけになったとは思います。浮世絵研究のうえでね。「立版古考」の中でも書いたんですけど、これまで立版古が浮世絵の図録として掲載されたことはありませんでした。一種の消耗品でね、組み立てて、楽しんでしまうと、あとには残らない。それがいかにも惜しい。立版古に注がれた、先人の創意と工夫はもっと見直されていいのではないかと、そんな気持ちもこめました。

それから間もなくして、「立版古考を読みました」と、アン・ヘリングさん[3]という方から手紙が来ました。アメリカ人で、立版古が大好きになって東京の古書店で一生懸命探しておられたそうです。拙宅にも何度か来られて、お会いいたしました。アンさんは、今では立版古の研究者で、日本でも有数のコレクターです。ついこの間も、大阪でお会いしました。本当にお元気で、立版古のお話をされておられました。もう五十年のおつきあいになります。

1　『浮世絵芸術』十二号（一九六六年六月）に掲載。
2　俳人、歌人、一八六七〜一九〇二年。
3　法政大学名誉教授。日本の児童文学が専門。

それからだいぶん、後になってからです。もう平成になってました。「立版古考」の抜き刷りが梅田の古書店で売られているのを、当時、兵庫県立近代美術館の学芸員をしてはった木下直之[1]さんが目に留めてくださった。木下さんは「飾りもん」がお好きでね、これを読んで喜んでくださいました。それでＩＮＡＸギャラリー[2]の学芸員の方に紹介して、「こんなおもろいもんがある。ギャラリーで展観してみたら」と、勧めてくださったそうです。お二人で私の家まで来て下さいました。その時、持っていた立版古をご覧に入れたんです。

平成五年（一九九三）に、大阪と東京・銀座のＩＮＡＸギャラリーで、「立版古展―江戸・

浪花　透視立体紙景色」を開いていただきました。立阪古はね、見下ろしたりしたら、おもしろないんです。展観では、目の高さに立阪古を置いていただき、後ろから灯をいれてもらいました。まわりを真っ暗にしてくれたりね、手間をかけてくれました。立阪古なんか初めて見はる人が多かったんでしょう、面白いゆうて、とても評判よかったんです。

大阪会場では、講演をしました。正岡子規の俳句の考証もしたんです。その時、詩人の杉山平一[3]さんが来て下さって、おもしろがってくださった。後から手紙くれはって、「あらためて立阪古を目のあたりにして、実に面白く、ありがたい勉強になりました」と書いて下さりました。それからのち、立阪古の展観は各地で色々とやってます。先年、兵庫県立歴史博物館（兵庫県姫路市）でやりました。国立文楽劇場（大阪市中央区）の展示室でも小規模やけど、開いたことがあります。今、もしね、立阪古てどんなもんやろ、作ってみたいなと思われる方がいらっしゃったら、「中尾書店」[4]から出してる復刻版の「浪花心斎橋鉄橋の図」がお薦めです。明治六年（一八七三）にかけられた、鉄製の心斎橋とそのにぎわいを描いたもので五枚組。作者は浮世絵師の長谷川小信[5]。大阪大学の橋爪節也[6]さんが監修されてます。

1　一九五四年、静岡県生まれ。東京大学教授。専門は美術史、文化資源学。
2　現・LIXILギャラリー。
3　詩人、映画評論家、一九一四〜二〇一二年。
4　大阪市中央区心斎橋一の二の十四。「浪花心斎橋鉄橋の図」複製はまだ在庫があるそう。問い合わせは〇六・六二七一・〇八四三。

5　年代的に可能性のある小信は二人いるが、のちに二代目貞信となった初代小信（一八四八〜一九四〇年）の可能性が高い。

6　大阪大学教授。専門は近代大阪の美術。

大正の大阪

（筆者は二〇一六年七月三十一日に大阪市の中央公会堂で開かれたシンポジウム「大阪イマジュリィをもとめて」[1]で講演しました。大正期の大阪についての話の一部を、採録します。）

ご紹介いただきました肥田皓三でございます。大正を代表する中央公会堂で、話をさせていただくことは大変、光栄です。大正時代の大阪のことに関して話をさせていただきます。

昭和四十二年（一九六七）が、ちょうど明治百年に当たりました。新聞や博物館で明治百年の大阪を回顧する催しや企画が盛んに行われました。その時に思いましたのは、明治百年も大切やけど、大正の十五年間も面白いんと違うかな、と。それで一冊のノートを作りまして、「大正大阪の文化」という題をつけました。私は郷土文献が好きでして、まず、そういうことを書き入れる。色々と書き足していけばええわと思ったのですが、五十年たってますけど、中身はたいして増えてません。でも、何とはなしに、大正十五年間の大阪ということに興味を持つ、ということが久しく続いています。

大正の大阪で特色あるのは、通天閣[2]と楽天地[3]です。明治四十五年（一九一二）に通天閣が、

シンポジウム「大阪イマジュリィをもとめて」講演する筆者

大正三年（一九一四）に千日前に楽天地ができるんです。これがね、大阪の大正の夜明けのシンボルです。大阪の観光客の案内に、大阪名所案内図みたいなものがあります。大きな双六《すごろく》みたいなものです。明治時代の刷り物を見てみると、これがえげつないほどの赤い色を使っているんです。これが当時の石版画の特色です。ところがね、大正になって大正六年発行の『大阪名所図』、大正七年の『大阪名所便覧』、こういうのを見ていると、明治よりも色がきれいで、上品になってます。名所はほとんど明治時代と変わらない。ただ、通天閣と楽天地がはいってございます。この二つが新しい大正の大阪の姿を代表しているようでね、うれしいんです。通天閣という名前は藤沢南岳《なんがく》4がつけたと聞いてます。とても素晴らしい名前やと感嘆します。ようつけはったなと。

1　大正イマジュリィ学会主催、大阪市後援。同学会は日本の視覚文化を考えるうえで重要な大正時代を中心に、大阪の都市文化が生み出したイマジュリィ（挿絵、ポスター、広告、写真などのイメージ画像）を様々な角度から取り上げている。

2　大阪市浪速区の新世界に立つ展望塔。初代は内国勧業博覧会の跡地にルナパークとともに建設された。その後第二次世界大戦中に解体され、一九五六年に現在の二代目が再建された。

3　大阪・千日前にあった劇場や演芸場などのレジャーセンター。

4　儒学者、一八四二〜一九二〇年。作家藤沢桓夫の祖父にあたる。

大正時代の大阪の興行の話をします。大正四年（一九一五）、道頓堀・浪花座のサロメ。オスカー・ワイルド原作で、芸術座が松井須磨子[1]の主演で上演したんです。この劇はね、人々を仰天させ、ものすごいセンセーションを巻き起こすんです。それから、川上貞奴[2]のサロメも来る、松旭斎天勝《しょうきょくさいてんかつ》[3]がサロメをやる。ほかにもありました。大正四年の大阪はサロメだらけです。

次は大正八年。米国を代表する映画監督D・W・グリフィス[4]の映画「イントレランス」が大阪・中座で上映されました。四つの話のオムニバスになってございまして、無声映画を代表する超大作です。これを小林喜三郎[5]という興行師が輸入して、松竹から中座を借って上映した。入場料を十円とりました。これがいまだに芸能史に残ってます。

もうひとつは、世界一のバレリーナ、アンナ・パブロワ[6]のバレエです。パブロワはロシア革命で祖国を捨てました。大正十一年に大阪に来て角座で、公演したんです。サロメ、イントレランス、アンナ・パブロワ。みな、道頓堀の劇場で、大阪にとって、大変意義のある興行やと思います。ただ、それぞれプログラムがありますけど今から見ると想像もつかないくらい、質素なものです。

その後、大正十二年に、大阪松竹座が開業します。洋式建築では大阪最初の劇場です。今のＯＳＫ、当時の松竹楽劇部の公演や欧州、米国の映画を上映します。この松竹座のニュース、プログラムが毎週出ました。それがね、すっきりした、あか抜けたデザインなんです。大阪の興行といえば、歌舞伎、人形浄瑠璃、映画とか、いくらでもありました。法善寺の花月とか、紅梅亭の寄席もそうです。そのプログラムとかチラシとかに、今で言うデザインらしきものが出現するようになったのは、やっぱり、大正の末頃です。時代の流れなのでしょうか、何か共通したものがあるように思います。大正はね、そういう意味で面白い。デザインが充実していく、なかなか値打ちのある時代という気がします。

1　女優、一八八六～一九一九年。島村抱月とともに芸術座を結成。サロメの初演は一九一三年十二月、東京・帝国劇場。
2　女優、一八七一～一九四六年。
3　初代、一八八六～一九四四年。明治から昭和まで一世を風靡《ふうび》した女流奇術師。
4　無声映画時代の米国の映画監督、一八七五～一九四八年。様々な映画技術を確立したことで知られる。
5　実業家、映画プロモーター、一八八〇～一九六一年。
6　ロシアのバレリーナ、一八八一～一九三一年。

大正時代、大阪で、「趣味の展観」というのがいろいろとありました。趣味人たちが収集したものを持ち寄って、見せ合うんです。江戸時代からあるんですけど、明治に本格的になります。大正が一番充実したのではなかろうかと思うんです。

私はね、その目録を集めるのが大好きです。明治四十五年（一九一二）、大阪・新町の画廊で、「大津絵展」[1]がございました。大阪の趣味人たちが中心になって開かれたようです。大津絵について、日本で初めての展観です。これから大津絵が芸術と認識されるようになるんです。「我田引水展」は大正四年（一九一五）に新町の瓢亭という落語の寄席でありました。文字通り、趣味人たちが自分の好きなものを勝手に持ち寄ったもののようです。

近松門左衛門[2]の没後二百年を記念した「近松時代風俗展覧会」は十一年。大阪・高島屋で盛大に開かれました。この時は、実に立派な図録が四冊一組で出ました。十四年に開かれた「大阪に関する書籍展」は、趣味人たちで作る「書史会」が開きました。そうそうたる面々が集めた書物が並びます。

十五年には木村蒹葭堂《けんかどう》[3]の没後百二十五年を記念した「蒹葭堂遺墨遺品展」がこれも、高島屋で開かれました。出品する人はね、よう似た顔ぶれなんです。熱心に大阪の文化や文物に関心を持っておられて、大事に伝えていかれる方たちです。こういった人たちが展観を催し、記録を残してきた。大正だけではございません。昭和になってからも、あるいは戦争中も、戦後の困難な時期にも開かれていたんです。それが現代は、どっちかというと昔ほどではなくなっている、そんな感じがします。ただ、たとえば、今日の会を開かれた「大正イマジュリィ学会」

の皆さんをはじめとする心ある人たちが、伝えられてきた文化を、今後も守っていかれるのだと信じております。以上、私の話は終わります。ありがとうございました。

1　近江地方で江戸時代初期から描かれ、売られてきた民俗絵画。土産物などとして珍重された。

2　江戸時代の浄瑠璃、歌舞伎の劇作家、一六五三〜一七二五年。代表作に「曽根崎心中」「女殺《おんなごろし》油地獄《あぶらのじごく》」など。

3　江戸時代中期、大坂の町人学者、一七三六〜一八〇二年。書画、骨董《こっとう》などの収集家としても知られる。

上方子ども絵本

江戸時代の上方子ども絵本の話をします。

大正七年（一九一八）、東京に「稀《き》書《しょ》複《ふく》製《せい》会《かい》」[1]というのがでけまして。書物好きの方が集まって、江戸時代の貴重な本、一冊しか残ってないような珍しい本を、木版刷り、和紙で、原本そっくりに複製するんです。地味な活動ですけどな、とっても素晴らしい。昭和十八年（一九四三）頃まで続いたそうです。ほんまにようやらはった。私、大阪府立中之島図書館で仕事させてもらうようになりましたんは、昭和四十三年（一九六八）からです。朝日新聞社が創立九十周年の時に江戸時代の和本なんかを図書館に寄贈したんです。[2]その整理が始まるというんで、誘っていただき、非常勤で働くことになったんです。寄贈本の中に、稀書複製会の本が全部あったんだ。初めて手に取って、全冊見ました。びっくりするような、ええ本ばっかりです。勉強になりました。私が好きやと思うような本はそのあと、古書店で見たら必ず手に入れて、今では全部持ってます。

どうゆうもんか、稀書複製会の同人の皆さんは、江戸時代の子ども絵本がお好きです。他にはないような珍しい本を持ってらっしゃって、絵本がずいぶん出ます。十冊以上です。「桃太郎」[3]をはじめとして、「猿蟹合戦《さるかにがっせん》」[4]、「花咲か爺《じじい》」[5]、「文福茶釜」[6]とかね。元禄から享保にかけて江戸で刊行された本です。残っていること自体が珍しいものばかりです。日本の児童文学史で江戸時代というのは、この稀書複製会の本を中心に考えてきました。そらそうです。代表的なお話が全部そろっていたわけですから。

ただ、江戸時代の上方はどないなってたんや、という疑問が出てきます。この時代の文化史では、必ず江戸と上方が対比されます。ところが、児童文学史では、上方では子ども絵本がなかったとされてきたんです。それに触れた研究もなかった。江戸時代、上方では児童文学はなかった、それが戦後ずっと、昭和五十五年（一九八〇）頃までの定説でした。ところが、それをひっくり返すような大発見が、三重の松阪であったんです。

1　一九三二（昭和七）年の雑誌『上方』掲載の広告によると、「愛玩《あいがん》すべき古版本を、全く原本通りに複製して、同好者に分かち、その存続に努めることが本会の使命」などとしている。同人には坪内逍遥の名前もある。

2　「朝日新聞文庫」。一万八千五百二十三冊で、大阪府立図書館のホームページは「近世文芸書、中国・日本地誌類、昭和前期の中国・台湾・朝鮮関係の資料が充実している」と紹介している。

3　『むかしむかしの桃太郎』。一九一八年刊。

4　『さるかに合戦』。一九二六年刊。

5　『枯木花さかせ親仁』。一九三〇年刊。

6　『ぶんぷくちゃがま』。一九二八年刊。

和泉事典シリーズ34

三村晃功著

いろは順 歌語辞典 有賀長伯『和歌八重垣』

安田純生（歌人）「直ちに役立つ書」
坪内稔典（俳人・柿衛文庫理事長）「世界が広くなる」

新刊■A5並製・二七二頁・四〇〇〇円

978-4-7576-0851-1

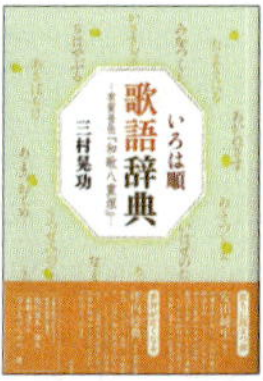

《歌語数約二三〇〇語！　類のない辞典》
江戸時代より現代に至るまで、多くの人々に利用されている初学者のための便覧『和歌八重垣』を現代語訳。豊富な例歌・解説により読みやすくなって蘇る。

小田　勝著

実例詳解 古典文法総覧

■A5上製函入・七五二頁・八〇〇〇円

978-4-7576-0731-6

《古典愛読者のための最良の手引き書》
従来の品詞別の記述形式を廃し、文法範疇別の形式で記述した、最大規模の古典文法書。一般的な文法用語を用い、通言語的に古典文法の詳細を知ることができる。

藤井　隆著

日本古典書誌学総説

■A5上製・二〇八頁・二〇〇〇円

978-4-87088-472-4

日本古典を取扱う上で必要となる書誌学の基本的事柄を、長年の調査経験に基づき丁寧に説く（九十余図入）。国文国史の研究者、学生、書店、収書家から一般にも便利な座右の書であり、大学や司書課程のテキストにも良い。

神戸平安文学会編

仮名手引

978-4-900137-26-4

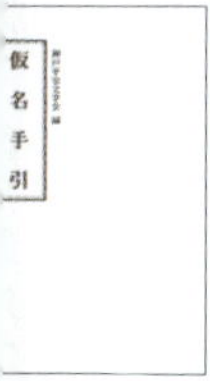

古典文学の写本・版本を読解するための手引書として、大学・短大などの講読・演習に便利。古筆切・写本・版本から集字し、煩雑にならず効果的に活用できるように配慮した。

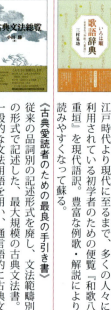

現代語訳付 笈の小文・更科紀行・嵯峨日記

■A5並製・一〇一頁・一五〇〇円

どのように行われたか。三作品の巧みな現代語訳と明解な注釈が、深く更なる理解・鑑賞へと導く。大活字本で学ぶ古典の名作。

捨女を読む会（小林孔・坪内稔典・田彰子）編著

捨女句集

■四六並製・一六〇頁・一五〇〇円　978-4-7576-0804-7

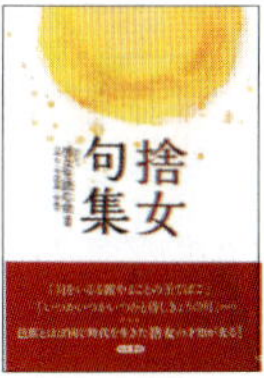

芭蕉とほぼ同じ時代を生きた近世女流俳句の先駆者、田捨女（でん・すてじょ）の自筆句集二四二句を翻刻。それに初めて注解を施し、読みやすいテキストとした。併せてブックガイドや略年譜他を収録。

森田恭二編著

『河内名所図会』『和泉名所図会』のおもしろさ

上方文庫別巻シリーズ3　978-4-7576-0547-3

■A5並製・三一一頁・二三〇〇円

江戸時代後期に出版された『和泉名所図会』と『河内名所図会』は、南大阪地域の歴史と地誌を物語る貴重な史料。両書の地域を実際に訪ね歩いた著者が、名所・旧跡を名所図会によって紹介しながら、現在の姿や伝承の正否を検討する。

森田恭二編著

『大和名所図会』のおもしろさ

上方文庫別巻シリーズ5　978-4-7576-0742-2

■A5並製・三〇八頁・二三〇〇円

『大和名所図会』の名所、旧跡を踏破した著者が、それぞれの歴史と文学の背景を探る。今はもう忘れかけられている歴史や文学のヒーロー・ヒロインの伝説をとりあげて、名所・旧跡を紹介する。

前川佳子構成・文
近江晴子監修

船場大阪を語りつぐ
明治大正昭和の大阪人、ことばと暮らし

上方文庫別巻シリーズ8
978-4-7576-0798-9
■A5並製・二九六頁・一八五〇円

明治大正昭和の大阪人による五十の語りを収録。商いと町の発展のために教育を重んじ、自らの暮らしは律しながら朗らかに平和に過ごす日々を愛おしんだ人々が、船場を中心とした大阪の当時のありのままを語りつぐ。

三島佑一著

船場道修町
薬・商い・学の町〈普及版〉

978-4-7576-0793-4
■四六並製・二五四頁・一七〇〇円

船場道修町の生薬問屋に生まれた著者が紹介する道修町の歴史や商法、道修町の成功者たちに纏わる話、暮らしや文化。今はなき昔の道修町が息づく八十年代の貴重な記録。ご要望の多かった品切本の普及版。

三島佑一著

薬の大阪道修町　今むかし

上方文庫31
978-4-7576-0341-7
■四六上製・二九四頁・二五〇〇円

船場道修町に生まれた筆者が、大阪の中の大阪の町、道修町の今昔の暮らしや文化を鮮やかに著す。道修町十二の特色をあげ、いろんな人から昔のゴシップを集め、町の意外な顔を紹介する。厚い歴史の上にある現在に気づかせてくれる一冊。

羽衣国際大学日本文化研究所　泉　紀子編

新作能　マクベス（DVD付）

978-4-7576-0753-8

新作能《マクベス》は、『マクベス』のテーマを、能の世界観と手法で表現し創作した。主演・演出の辰巳満次郎と間狂言監修の野村萬斎との対談、詞章、様々な専門分野の論考を収録。上演のDVDには古典語・現代語・英

昭和五十五年（一九八〇）のことです。三重の松阪市に古いお堂がございましてね、中の地蔵さんを調査なさいました。[1] ほんならな、地蔵さんのお腹《なか》の中から、ちっさな本が十冊以上出て来たんです。三百年ほど、ずっと長いこと、お腹に入ってたもんやから、きれいな、できたてのままのような本です。これが子ども絵本でね。[2] 帯屋次郎吉とゆう方の子どもが亡くなり、追善のために、次郎吉がその子に買ってやった本を、地蔵さんの胎内に納めたんです。

刊年が書いてある本もありました。寛文七年（一六六七）もあるし、延宝五年（一六七七）もある。それでえらいことになったんです。

江戸の子ども絵本には刊年のある本は少ないんです。一番古いと思われていたのは、『初春のいわひ』というお正月の行事を絵本にしたもんで、延宝六年という文字があるんです。そやから、その年のお正月に出たもんやろ、と推定できるんです。ほかは時代が下がって、だいたい元禄から享保頃らしい。だから、『初春のいわひ』が、現存する中で、最も古いとされていたんです。ところが、それより古い本が見つかった。それも上方に近い三重県で。児童文学史の世界では、高松塚古墳[3]に匹敵する発見です。

問題になったんは、これが江戸版か京都版かということです。出版屋の名前が載っている本もありました。それが当時、江戸と京都の両方に店持っている本屋ばっかり。そやから、なんとでも言えます。江戸やとゆうたら江戸やと言えるし、京都やとゆうたら京都やと言えるし。私は明らかに京都やと思います。江戸の本屋は全部出店なんです、その時分は。みんな本拠は京都でした。出版が盛んになって、みんな東京に分店を置くようになりました。松阪という土地柄や、挿絵の特徴からも、いろいろと考証ができます。京都の本屋が発行したのは、これは間違いないところです。

さあ、これまでないと言われてた、江戸時代の上方の子どもの絵本が実在した。しかも江戸よりも古いものです。大事件でございますわ。

1　松阪市射和町の大日堂に安置されている地蔵菩薩坐像（国指定重要文化財）。

2　『天狗そろへ』『どうけゑつくし』『軍舞』『牛若千人切はし弁慶』『源よしつね高名そろへ』『弁慶誕生記』『おぐり判官てるて物語』『せん三つはなし』『いも上るり』『悪僧づくし』の十冊。ほかに二冊の実用書などもあった。

3　奈良県明日香村にある終末期古墳。一九七二年に極彩色壁画が発見され、考古学ブームのきっかけとなった。

これが契機やったと思うんです。岩波書店で『近世子どもの絵本集』を出そうという企画が生まれました。それも江戸篇《へん》、上方篇に分けて。

江戸篇はね、鈴木重三[1]さんと木村八重子[2]さんが担当です。鈴木さんは江戸の草双紙研究の第一人者。自分でもたくさん集められて。お好きなんですわ、草双紙が根っから。木村さんは赤本、黒本の専門家。こちらも好きで好きで仕方がない。初期の草双紙の解題、検証を一生懸命やってらっしゃった。このお二人以外に適任はいらっしゃらない。

上方篇は当時、九州大学の教授をしてらっしゃった中野三敏[3]さんに白羽の矢が立った。この方は今まで手のついてないところをどんどん掘り起こして、江戸文学研究の範囲を広げたんです。岩波でもいろいろな仕事をされて、一番頼りにされてたんでしょう。そしたら中野さんがね、肥田と一緒ならやると言って下さった。私には、過ぎた事でありがたいことです。喜んでお受けしました。何年か前、昭和四十五年（一九七〇）くらいですか、私が大阪府立中之島図書館で古典籍の整理の仕事をしている時に、中野さんが遊びに来はりまして初めてお目にかかりました。その時も私は着物姿でした。中野さんは「写楽が描いた竹村定之進[4]みたいなのがいてる」と思ったそうです。気に入って下さったんでしょう。中之島で鰻《うなぎ》食うて、梅田の喫茶店に行き、ずっと話をしました。それでいっぺんに仲良うなったんだ。

　中野さんは今もお元気で、この間（二〇一〇年）、文化功労者にならはりました。山中伸弥さん[5]とご一緒の時です。私、実は伸弥さんのお父さんの章三郎さんと旧制高津中学時代同級で、仲がよかった。それで伸弥さんの結婚披露宴のご挨拶《あいさつ》を頼まれましたんだ。そのことを中野さんにお知らせしました。伸弥さんと初対面で会いはっても、ちょっとは話の接ぎ穂になるんやないかと思いましてね。中野さん喜んでくれはりました。

1　近世文学、浮世絵の研究者、一九一九～二〇一〇年。国立国会図書館司書監、白百合女子大学教授などを歴任。

2　書誌学、近世文学が専門、一九三六年生まれ。

3　九州大学名誉教授、江戸から明治にかけての近世文学の研究者、一九三五年生まれ。二〇一六（平成二十八）年文化勲章受章。

4　東洲斎写楽の代表作のひとつ。寛政六年（一七九四）五月に上演された「恋女房染分手綱《こいにょうぼうそめわけたづな》」の中で市川鰕蔵《えびぞう》が演じた。

5　京都大学iPS細胞研究所所長・教授、一九六二年生まれ。二〇一二年ノーベル生理学・医学賞を受賞した。同年、文化勲章受章。

岩波書店が出す『近世子どもの絵本集』の上方篇を、九州大学の中野三敏さんと二人で編纂《へんさん》することになりました。まず、どれだけ上方の子ども絵本を集められるか、です。前に、上方に江戸時代の子ども絵本はないというのが定説やったと言いましたけど、実は、中野さんの師匠筋に当たる中村幸彦さんが九州大学にいらした時に、「江戸時代　上方における童話本[1]」という論文をお書きになってらっしゃいました。昭和三十五年（一九六〇）です。今になってみたら非常に重要な指摘なんやけど、それまで二十年ほど打ち捨てられてましたんや。ただ、そういう論文を書いたのやから、中村さんは上方の子ども絵本をいくぶんか持ってらっしゃる。中野さんもどの分野でも本が好きやから、何冊か持ってはる。私は府立中之島図書館に行きだした時分の昭和四十五年くらいから、十年ほどで六十冊くらい集めました。即売会で割とよう出てまして、なんとはなしに買うてました。値段が安かったんで買えたんですけど。中村、中野で六十冊、肥田が六十冊。計百二十冊です。だいたいこんなもんでした。同じものもあるかなと思ったけど、ほとんど重複がないんです。

そのほか、編纂が始まった時点で、近世文学の学者で、我々と同じくらいの年配の連中の中から、子ども絵本を持ってそうやなという人に、一人ずつ当たっていきました。そうやって当たりを付けた人は、やっぱり何かしら、持ってはりました。大阪大学の信多純一[2]さんは好きやからね、十冊くらいですかね、お持ちでした。京都の龍谷大学の宗政五十緒《むねまさいそお》[3]さんとかね。皆さん本が好きで、何とはなしに江戸時代の子どもの絵本も買うてはるんです。数は多くないんですけどな。あと、香川大学の初代学長の神原甚造[4]氏の蔵書が収められた「神原文庫」に、ええのがようけおました。二十冊くらいあったと思います。それ以外では、国立国会図書館（東京）に「絵本あつめ草」という名前で、四十数冊かありましたんですわ。実はこれが問題でした。

独立したものではなくて、何冊かの絵本を一冊にまとめたようなものばかりなんです。そもそもの話をしますとね、江戸時代、名古屋に「大惣《だいそう》」[1]という有名な貸本屋がありました。日本を代表する貸本屋です。その本がね、明治維新をくぐりぬけて残るんです。店そのものはつぶ

1　『文学研究』五十九号掲載。
2　大阪大学名誉教授、専門は近世文学、一九三一～二〇一八年。
3　国文学者、一九二九～二〇〇三年。
4　司法官、大審院部長などを歴任、一八八四～一九五四年。五〇年に香川大学初代学長となり、没後、旧蔵図書・資料一万六千五百六十冊などが寄贈された。

れるんですけど。大惣の蔵書の一部は、帝国図書館[2]に入ります。東大、京大の図書館でもそうです。大惣の蔵書がね、各地の有力な図書館に分散してあるんです。

上方の子ども絵本というのは、たいてい五、六丁（一丁は裏表二ページの一枚）か七丁くらいです。それから、一、二丁がなくて三丁から始まるんが多いんです。不思議なことですけど、理由はまた後でお話しします。大惣はそういう本を二百冊くらい持ってたようです。そやけどね、そんな片々たる、七丁くらいの本を一冊の貸本として扱うなんてこと、でけしまへん。そこで大惣はね、絵本の表紙をはがしてしもうて、本文だけ、何冊か分を綴じて、これを一冊の合本にしていたんだ。それが四十何冊かあったんです。今から考えると、めちゃくちゃなようですけど、それでも見てたら、結構面白おます。七丁ごとに、全然別の話に換わりますねん。とにかく色々なものが出て来る。これが国会図書館に入ります。それで、『絵本あつめ草』という名で登録してます。たくさんの絵本を集めてるということです。

こういうのも含めて、あれやこれやの上方子ども絵本について、岩波から出した『近世子どもの絵本集　上方篇』で、巻末の「現存リスト」にまとめました。だいたい三百五十冊くらいになりました。重複したものは少ないんです。私と中野三敏さんの概算ですけど、上方の子ども絵本というのは全部で千冊ぐらいやないか、と。だいたいそんなもんで間違いないと思います。

1　江戸時代の名古屋の貸本屋。大野屋惣八の通称。江戸中期に創業し、小説や演劇などの娯楽書など様々な分野の本を所蔵した。坪内逍遥が頻繁に通い、本を読みあさったことはよく知られる。

2　一八七二年に設立された書籍館を起源として九七年に設置された。戦後、一九四七年に国立図書館と改称、四九年に国立国会図書館に統合された。蔵書は現在の国立国会図書館東京本館に受け継がれている。

子ども絵本には、色々な種類があります。「桃太郎」や「浦島太郎」なんかの「昔話」。これはみんなが知ってます。それから、江戸時代は武家社会ですから、「武者絵本」は絶対なんですわ。「お化け」とか「福の神」とかも多い。ネズミを主人公にしたものもあります。生活とネズミは切っても切れない。家の中に一緒に住んでいた、家族みたいなもんです。「子どもの遊び」をテーマにしたものもあります。多いのが「女性風俗」です。女の子用の本として、女の人が成人した時の生活のことを書いています。「なぞなぞ」「言葉遊び」もあります。わかると結構、面白いんですけど、考えてもわからんものも多いです。今と生活が全然違いますからね。それから、よく似た、違うものを戦争させますねん。「異類合戦」といいますか。カタカナとひらがなを戦わせたり、うちわと扇子とか。

細かく分類していったら、きりありません。各分野を代表する作品を選びました。原本通りに画面を復刻して、下段に、書かれてある文字とその読みを入れる。難しい語彙《ごい》や背景の説明には注釈を入れる。そんなことを中野三敏さんと私で半分ずつ、分担してやりました。こんな風にして、解説を書いて、絵本のリストをつけました。ええもんができましたと思います。この『近世子どもの絵本集』は、昭和六十年（一九八五）の「毎日出版文化賞特別賞」[1]をいただきました。ただね、値打ちはあると思うんですけど、値段が高かった。[2]それと、残念なのは、その後、これに続く本が実現しない。面白い子ども絵本は、まだまだなんぼでもあるんですけどね。今も残念やと思いますのがね、絵の下の解説をひとつにまとめずに、右は右の絵、左は左の絵の解説と、分けておけばよかった。そしたら、文庫本にすることもできたんだ。もう少し安く、世の中に回ったかも知れんのですけど、惜しいことをしました。

1　毎日新聞社が主催する、優秀な出版物を対象とした文学・文化賞。一九四七年に創設された。本賞は文学・芸術など五部門。『近世子どもの絵本集』は特別賞に選ばれた。
2　江戸、上方両篇で計二万九千円。

江戸時代の上方の子ども絵本の特徴といいますと、作者や絵描きの名前、出版元、刊年などを書いたものがほとんどないということです。絵描きの名前があるのは、まず二百冊に一冊くらいか。そやけど、その絵で、誰が描いたかはわかります。年代なんかも、絵描きの没年やら活躍期やらで、だいたい判断できます。

絵描きとしては、西川祐信《すけのぶ》[1]、長谷川光信[2]、北尾雪坑斎[3]、下河辺《しもこうべ》拾水《しゅうすい》[4]なんかがいます。祐信、これは大物です。子ども絵本だけやなく、美人絵本、風俗絵本の最高の絵師とゆうてええんやないかな。江戸時代の絵本作者、みんなこの人の影響受けてます。

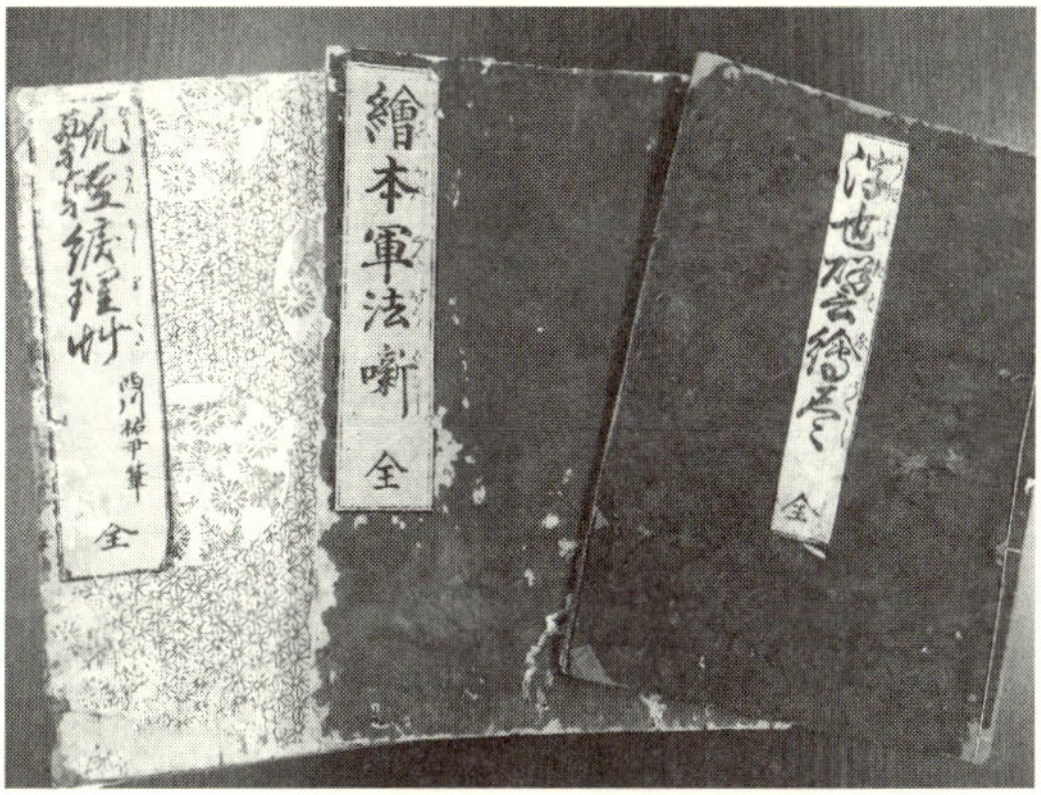

上方子ども絵本の３種類の表紙。
右から「黒表紙」「紺表紙」「行成表紙」

サイズはいわゆる半紙本[5]です。表紙は、刊年が古いのは、黒い表紙で真ん中に書名を書いた「題《だい》簽《せん》」があるものです。享保年間とみてええ形で、「黒表紙」といいます。その次に、藍色の表紙で左肩に題簽がついた「紺表紙」が出てきます。

それから上方の特色として、「行成《こうぜい》表紙」というものがあります。麻の葉つなぎの地模様に若松を散らした紋です。それから、これに似たようやけど、違う模様のもんもございます。いちいち表紙の名前つけられませんので、中野三敏さんと私で、「変わり行成」という名前をつけました。

表題に必ず仮名がふってあるのも特徴です。江戸時代では、大人の本にはそんなことはありません。ほとんどが墨刷りで、色刷りは少ないです。ただ上方独特の印刷方法で、「合羽《かっぱ》刷り」ゆうのがおます。茶色い渋を塗った紙を、色をつけるところだけ切り抜くんです。それを原画の上に置いて、その上から絵の具を刷り込むんです。これが案外きれいなんです。ええのもできるんです。そういう合羽刷りがいくらか残ってます。たとえば、同じ本でも、墨刷りのも、合羽のも両方あるものもあります。いっぺん墨刷りで売って、今度は色刷りでまた売ろか、ということです。読者サービスみたいなもんです。

1　江戸時代前期から中期にかけての浮世絵師。京都で絵本を主に手掛けた。のちの浮世絵師に与えた影響は大きい。
2　大阪を中心に活躍した浮世絵師。
3　大阪の浮世絵師。宝暦、明和（一七五一～七二）頃に多くの子ども絵本などを出した。
4　京都の浮世絵師。明和から寛政（一七六四～一八〇一）にかけて様々な絵本を手掛けた。
5　半紙二つ折りの大きさ。縦二十一センチ、横十六センチ程度。

ひとつ、謎があります。上方の子ども絵本が何百冊も残っているのに、長い間、上方にはないと考えられて来たのはなぜか、ということです。江戸時代の書物の三大コレクションというのがあります。東京都立中央図書館の「加賀文庫」は、大阪出身の加賀豊三郎[1]という実業家の旧蔵書。それから、東北大学図書館の「狩野文庫」。狩野亨吉[2]という方のコレクションです。愛知県西尾市の「岩瀬文庫」も有名です。岩瀬弥助[3]ゆうて古い商家のご主人で、本がものすごい好きで、明治から大正にかけての大コレクション。

ところが、この三大コレクションに、上方子ども絵本がほとんどない。これは考えられないことです。何でや、わからしまへんねん。

以下は私の推定です。加賀さんも狩野さんも岩瀬さんも、上方の子ども絵本はなんぼでも目

江戸時代の書物の３大コレクション

名前	収集者	場所	概要
加賀文庫	加賀豊三郎（1872～1944）	東京都立日比谷図書館	和書、古文書など2万4100点。黄表紙や洒落本などの収集が特徴
狩野文庫	狩野亨吉（1865～1942）	東北大学附属図書館	10万8000点。日本と中国の古典が主体で、様々な分野に及ぶ
岩瀬文庫	岩瀬弥助（1867～1930）	愛知県西尾市の博物館	重要文化財をふくむ古典籍から近代の実用書まで、幅広い分野と時代の蔵書約8万冊

にしはった。面白いなあと思って手に取る。ところが、前にも言いましたように、上方の子ども絵本はどれも三丁から始まります。これは一、二が欠けた、落丁本やと考えはったんやろ、と思います。なかなかええ本で中身も面白い、と思っても、ね、三丁から始まる。一、二丁が欠けてるやないか、買うのを見合わそうということになったんと違うかな。そのうちに完本が出回るやろと。それで、お三方とも買いはらへん。

ただね、三丁からはじまることは、実は欠陥でもなんでもないんですわ。大阪の歌舞伎や人形浄瑠璃の狂言ごとに「絵尽し」ゆうて、場面ごとに描かれた絵本が作られてました。これがだいたい、三丁から始まります。これは「商習慣」です。ちょっとでも枚数を水増ししようとしたんですかな。子ども絵本も同じようにしていたんと違うでしょうか。ところが明治維新の後、この商習慣が忘れられる。古本で子ども絵本が出回るようになった時に、覚えている人はいなくなっていた。そやから欠陥本やと思いこんだ。三大コレクションに上方の子ども絵本がない、ひいては上方に子ども絵本が存在してないと思われていたという不思議は、こういうことではないやろかと、思います。

1　大阪出身の実業家。加賀文庫は黄表紙や洒落本《しゃれ》、役者評判記など江戸文化に関する資料を多く含んでいる。

2　教育者。第一高等学校の校長、京都大学文科大学の初代学長を務める。夏目漱石との交流や、江戸時代の思想家、安藤昌益の発見でも知られる。

3　実業家。西尾鉄道初代社長。一代で莫大な財を築き、病院や学校、図書館などを作った。

江戸時代の上方の子ども絵本は、十九世紀になると急激に減ります。この頃から、子ども用に一枚刷りの版画が売られるようになります。「おもちゃ絵」の出現とでもいいましょうか。

これが安いんです。絵本作りみたいに、七枚の紙に表紙をつけて糸で綴《と》じて一冊の書物の形にする、というような不採算で古風なこと、間に合わんようになりましたのです。やっぱり本となると、それなりに高価なんです。

お客さんは安いおもちゃ絵の方にいきますわ。だいたい、一八〇〇年頃を境にそういうことが起きた、と思ってます。

おもちゃ絵も、最初は墨刷りの簡単なもんやったんです。それが十年、二十年たつと、だんだんと複雑なものになっていきます。凝った筋のもんでも一枚の中に収めることができるようになる。色刷りのものも増えてきます。

安い値段で、子どもでも買える。これが大きい。

多くの人が、上方に子ども絵本がないと思い込んでたのは、このことも原因やないかと思います。江戸時代では本ではなく、おもちゃ絵ばかりが出てくる。

ちっさい形の本も細々とは出てますけど、これは主力じゃなくなるんです。一八〇〇年以前の上方子ども絵本に匹敵するほどのものではないんです。

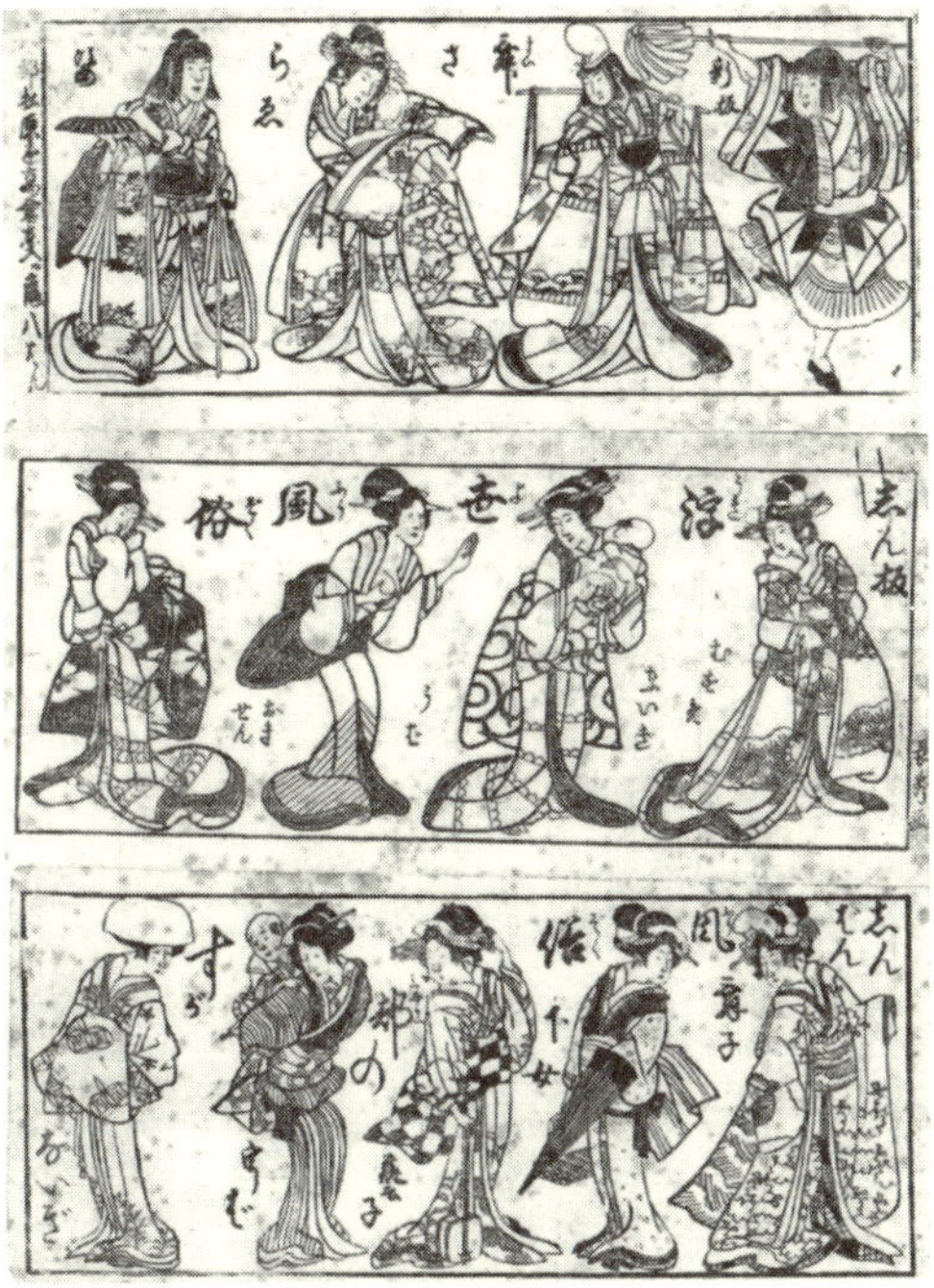

江戸時代に発行された様々なおもちゃ絵

江戸時代の上方の子ども文化は、十八世紀は絵本、十九世紀はおもちゃ絵と、これははっきり言えます。

おもちゃ絵は、色々な種類のものが出てます。自分で切って、役者の着物とかカツラとかの着せ替えができるのもあります。

お染久松[1]でも、千本桜[2]でも、歌舞伎や浄瑠璃はほとんど全部の狂言が網羅されているのと違うかな。絵物語の一枚刷りになってます。

相撲取りや武者、動物、貝とかの「物尽くし」、大阪の名所、七福神と福俵やとか、縁起のええもん並べたものもあります。

そやけど、やっぱりこれは消耗品ですねん。子どもが遊んだら、捨てられてしまいます。おそらく大量に作られたのでしょうけど、残っているのはわずかです。残念な気もしますけど、仕方ないでしょうな。

1 一七一〇年、油屋の娘、お染が丁稚の久松と心中した事件を題材に、「新版歌祭文」などいくつかの浄瑠璃作品が作られた。

2 「義経千本桜」。一七四七年、大阪・竹本座で初演。源平合戦ののちの源義経の都落ちにからんだ様々な人間模様を描く。

江戸時代の中頃に出た、上方の子ども絵本に『絵本菊重ね』というのがあります。手妻《てづま》人形とか、土人形とかね、人形ばっかりを描いた、わりに珍しい絵本です。描いたのは、大阪の絵師の北尾雪坑斎です[1]。これが面白いのはね、前にもお話した「稀書複製会[2]」が刊行した、唯一の上方子ども絵本なんです。

同人の皆さんは絵本を珍重するんです。「猿蟹合戦《さるかにがっせん》」「花咲か爺《じじい》」とか、いま我々が知っているおとぎ話は、全部と言っていいほど、熱心に複製しています。たいていは江戸の絵本ですけど、『絵本菊重ね』だけは上方のもんです。おそらく、稀書複製会の人は知らなかったんと違うかな。その頃ですら、原本はほとんど手に入らんもんやったんです。

ところがね、去年（二〇一五年）です。京都の古い本屋さんで、先々代から心安うしてもらってるところがあります。そこが出してる販売目録に、人形のことばっかり描いた子ども絵本が載ったんです。私は今でも子ども絵本となると、気になります。表紙がないので、題名はわからない。けど写真が載っていて、一目みただけでわかりました。『絵本菊重ね』の原本に間違いない。稀書複製会の複製で見ているんで、中身はそらで知ってます。値段は八万円。安い。えらいこっちゃ、こんなもん出てくるとは、と思て、私はすぐに申し込んだんだ。けど、手遅れでした。売れてました。これが『絵本菊重ね』の原本やと気い付くのは、よっぽどです。誰も気づかんやろと思ってた。そやけどいてまんねん、これに気づく人が。

運のええ人です。八万円なんてただ同然でんがな。こんなもんね、最低三十万円ですわ。五十万や六十万つけてもね、売れる。この本屋はね、そんなに安く売らない店なんです。表紙もない、しおたれた本でも、まあ気張って八万円の値をつけたんやろけどね。私は絶対買えると思ったんです。癪《しゃく》ですけど。誰が買うたんか、知りたいくらいです。まあ、古本屋は売った先は絶対に言いませんけど。

1　江戸時代中頃の浮世絵師。大阪で版本の挿絵を多く描いた。その著作は百点以上に及ぶ。子ども絵本も多く残した。

2　一九一八年創立。江戸時代の貴重な本を木版刷りで原本そっくりに複製した。活動は戦時中まで続いた。

戦後大阪の出版

去年（二〇一六年）の十月末に東京の古書即売会の目録で、大阪のリーチ書店が出版した『紙衣《かみこ》』[1]という本が出てました。この本が出た当時のことは覚えてます。ええ本やろな、読みたいなあとは思ったんですけど、その頃は貧乏でしたから。とても手が届かなかった。その本が二千八百円ならいっぺん読んでみたい、と思ってね、注文したら送ってくれました。

著者が大道弘雄《おおみちひろお》さん、朝日新聞の記者をされていた、敏腕の記者やったと思います。「紙衣」ゆうのは、和紙をもんで柔らかくしたものを仕立てた着物です。現物は江戸時代のものですからね、残っているのは珍しいと思うんですけど。大道さんはその紙衣をコレクションされていたんです。それで、紙衣に関するいろんな考証、紙衣の作り方や産地とか、実際、自分の手元にある紙衣、有名な遺品がなんぼかあるらしいです、そういうことをまとめたんです。とってもええ本でね。紙衣ゆうても色々と模様がおますねん。それを色刷り図版で貼り込んでいます。印刷も当時にしてはよかった。一生懸命やってる本で、大道さんの考証が行き届いたことでね。感心しました。

ただ、ゆうたら悪いですけど、こんなことやらはっても何の役にも立つわけやないんです。

誰も手をつけんような紙衣を集めて、江戸時代の文献よう見て、一生懸命考えて、自分で気いついたことを書いてはりますねんけど。出版したリーチ書店も変わってます。ほかにも、山口銀行の頭取をしてはった山口吉郎兵衛[2]さんが、趣味で収集してはった『うんすんかるた[3]』みたいな本も出してはります。内容はよろしいねん。『紙衣』とかね、『うんすんかるた』とかね、そんな本ね、どこもよう出しません。出したって売れるわけない。リーチはそれでも出しますねん。本としては、ようできた、とてもええ本です。『紙衣』を見ているうちに、大阪でもこんなええ本出した連中がほかにもいてるで、とふと思ってね。戦後の大阪の出版物をまとめてみよか、という気になったんです。

1 一九五五年出版。国内各所の紙衣の特色や魅力を紹介した限定本。
2 四代目、一八八三〜一九五一年。号は滴翠。山口銀行の初代頭取。美術品の収集家として知られ、兵庫県芦屋市内の旧邸は滴翠美術館となっている。
3 ポルトガルの船員から伝わったトランプを、日本で作りかえたカルタ。山口吉郎兵衛氏の著作は一九六一年出版。

明治以前から出版といえば、江戸のもんです。出版の仕事をしたいという人はみんな東京行くわけです。昔は京、大阪でも出版ありましたけど、中心はやっぱり江戸です。そやけどね、大阪でも『紙衣』とか『うんすんかるた』とか、ええ本も出てるなあと。それで、大阪の戦後、昭和二十一年（一九四六）から昭和六十四年まで、大阪の出版物のリストを作ってみました。

幸いなことに、関西大学図書館で『大阪文芸資料目録』というのを作ってます。谷沢永一[1]先生もいてて、私もまあ協力して。その目録から拾い出したんだ。ほとんど一月、かかりきりになりましたけど。昭和二十一年、二十二年、二十三年というたらね、大阪で出版社が雨後のタケノコみたいに出来てます。これは特異現象。言論統制がなくなったからでっしゃろか。こういうことはそれまでもなかったし、その後もない。この時分出たのは、仙花紙ゆうて紙が悪くてね。ただ紙さえもってたら、誰でも本が出せた時代で、みんなが競って本出しましてん。ほとんど毎日、何かが出ている感じです。

二十一年の二月に出たのが、『万三郎芸談』（積善館、一九四六年）。これがびっくりするくらいええ本です。お能の梅若万三郎[2]。戦争中に用意していて、刊行が戦後になったんやろうから、そんなええ本になったんです。藤沢桓夫[3]、織田作之助[4]とかの売れっ子のほかにね、木谷蓬吟《きたにほうぎん》[5]、食満南北《けまなんぼく》[6]とか、長老格の人も本を出してます。大阪を代表する文芸関係の人は全部顔そろえてます。この三年間で。

ところが二十三年でぱたっと止まります。その状況はね、私もいてたからわかりますけど。景気が一気にしぼみまして。このあとはずっと、大阪の出版業界は気息奄々《きそくえんえん》とゆうのか、それでももちろん、ええ本はいくつか出てます。そんな風にリストをまとめるうちにね、とにかく二冊、これはという本がありました。谷崎潤一郎の『都わすれの記』と『月と狂言師』。大阪でこんな素晴らしい本ができたんでっせ、ということを、ぜひ知っておいてください。

1 関西大学名誉教授、文芸評論家、一九二九～二〇一一年。
2 観世流能楽師、一八六九～一九四六年。
3 昭和時代の大阪を代表する作家、一九〇四～八九年。
4 作家、一九一三～四七年。代表作に「夫婦善哉」「木の都」など。
5 一八七七～一九五〇年。文楽、特に近松門左衛門研究で知られる。
6 一八八〇～一九五七年。歌舞伎の座付き作者などを経て、様々な芸能評論などで活躍した。

『都わすれの記』は歌日記です。戦時中、戦局が緊迫してきて、谷崎さんは神戸市東灘区の住吉の自宅から離れなならんようになりました。いったん熱海に行き、そこにもおられんようになって、岡山県の勝山（現真庭市）へ疎開なさる。その間に、東京は大空襲で焼け、大阪は全滅する。住吉のお宅も戦災にあう。それを疎開先で心細う見てはる。その間の歌日記です。全編が木版刷、特別の横長の本です。一枚一枚、和田三造[1]の絵が入ってね、奥さんの松子さん[2]が墨で歌を書いてはりますねん。色が移らんよう、ページごとに薄紙が全部はいってます。住吉の家を離れるとき、「ありへなばまた帰り来む津の国の住吉川の松の木かげに」という歌をよみます。疎開先で寂しい雨が降ったりね。それを折に触れ、歌日記にしているんです。

谷崎文学の愛好者は多いけど、歌はあまり知られてないように思います。だからこの本も問題にされてない。全集にも入ってますけど、活字だけではあかんのです。谷崎の歌、つかず離れずの三造の絵、松子さんの流麗な字。これを全部鑑賞する。活字だけで読むのと全く違う。

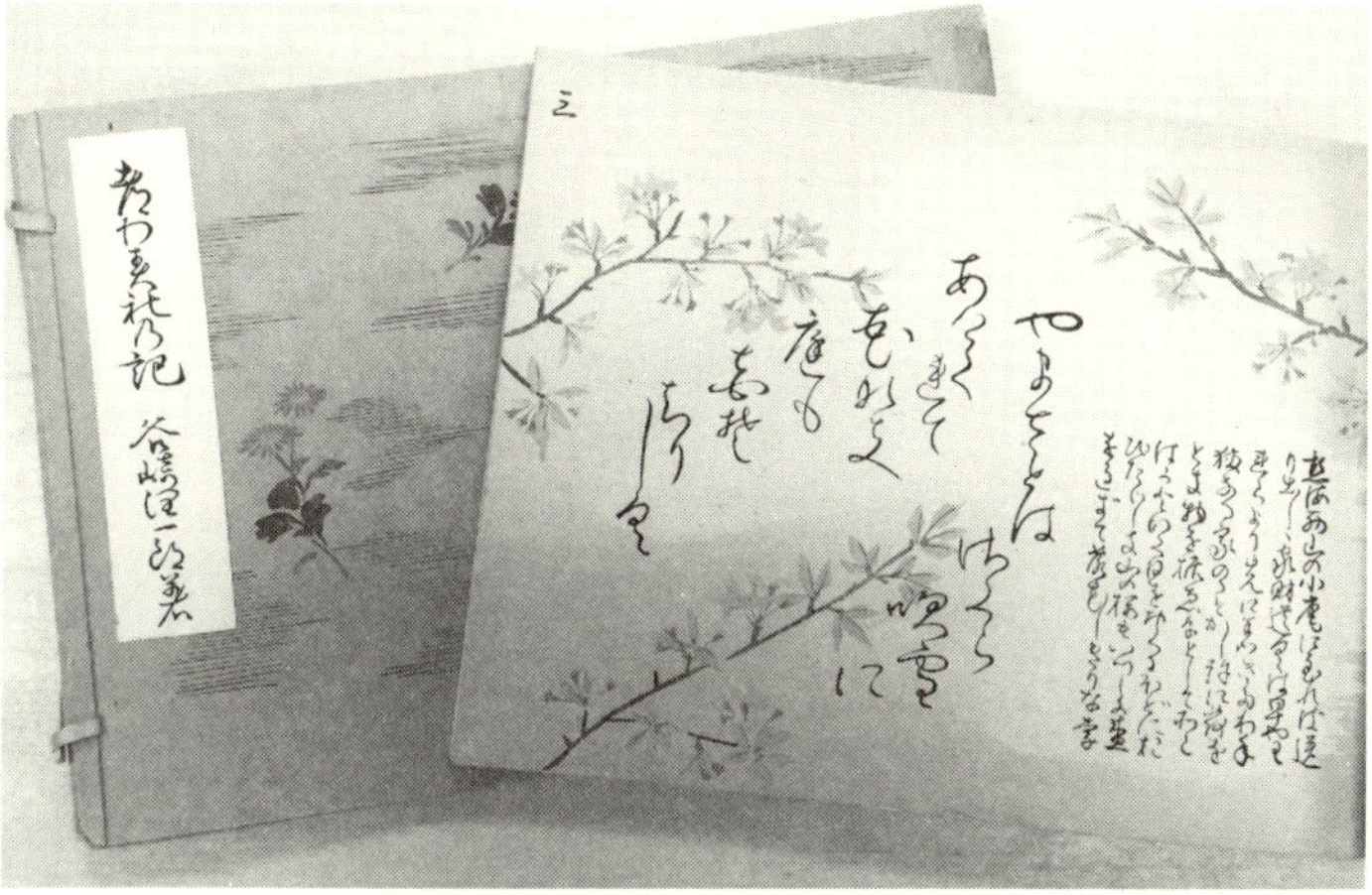

谷崎潤一郎作の『都わすれの記』
絵は和田三造、字は谷崎松子

この歌日記はね、戦争中にできた文学では最高のものやと思うんです。戦争中の生活を文学で書き残した作家というのはそないにないんです。ただ、谷崎文学の評論でそういうふうにゆうたものはないのと違うかな。本を出したのは、大阪の創元社。[3] 戦後間もない時に、大阪で出たということが、何よりもすごい。戦後の日本の出版物の中でも、出色の本やと思います。

『月と狂言師』は戦後すぐに、京都・南禅寺で狂言師の茂山千五郎一家を招いて月見の宴を開いた時のことをつづった本です。大阪の梅田書房の山内金三郎[4]が版下を書き、挿絵を添え、和紙謄写版。限定三百部で出しました。まさに手作りの豪華本です。こんな本が大阪でできてまっせ、ということを、多くの人に知っていただきたい。大阪が誇るべき出版の文化やと思います。

1　洋画家、文化功労者、一八八三〜一九六七年。映画「地獄門」で色彩、衣装デザインを担当し、アカデミー賞衣装デザイン賞を受賞した。
2　谷崎潤一郎の三人目の妻、一九〇三〜九一年。
3　大阪の出版社。一九二五年創業。谷崎潤一郎の『春琴抄』、織田作之助の『夫婦善哉』などを刊行。
4　画家、出版者、一八八六〜一九六六年。阪急百貨店内の梅田書房のオーナー。

『郷土研究　上方』

戦前の大阪に『郷土研究　上方』という雑誌がありました。「上方郷土研究会」を主宰した南木芳太郎[1]さんが編集して、昭和六年（一九三一）から十九年まで月刊を重ね、百五十一冊が出ました。南木さんが病気になられて休刊し、廃刊します。それにしても十四年間、一回の休みもなしに郷土研究という地味な内容の雑誌が続いたというのは、とっても大きな仕事やと思います。ちょっと類がない。南木さんは後半生を全身全霊で『上方』の刊行に打ち込みはったんです。大阪だけではなく、京都や奈良、阪神間など近畿各地のテーマをとりあげています。執筆陣は実に多彩で、一流の方ばかり。今も上方研究の参考書として不朽の遺産といっていいと思います。

うちの父親が毎月購読してました関係で、私は小さい時からこの雑誌に親しんでました。毎号、大阪の浮世絵師の長谷川貞信[2]が、大阪の幕末・明治の風景や、行事を描き、色刷りの木版で表紙を飾るんです。その絵が子ども心にも美しく思え、とっても好きでした。内容は読めませんけどね、『上方』という雑誌がほんとに大好きでした。小学校の上級生になると、『上方』が郷土研究の雑誌で、大阪のことを色々と調べて載せてるんやとわかるようになりましてね。

その仕事をしてはる南木さんをものすごく、尊敬するようになりました。

六年生の時、学校で将来何になりたいか、と聞かれたんだ。紙配られてね。私は「郷土史家」と書きました。将来、南木さんみたいな仕事ができたらな、と思っていたんでしょうね。大阪の郷土研究ということにものすごく惹かれてたんです。そしたら祖父に知れました。こんこんと「郷土史家というのは職業やない、趣味でやることや」と言われました。祖父は心配したんだ、戦争は逼迫《ひっぱく》してましたけど、当時は、うちの信託会社の商売[3]をいずれ兄貴が継いで、私が横で手伝う、みたいなことを考えていたんやと思います。ところがね、結局いつの間にか、私は大阪の郷土史を仕事にするようになりました。今考えると、まあ、初志を貫徹した、ゆうことになりますか。

1　大阪の郷土史家、一八八二～一九四五年。大阪の郷土庶民資料をあつめた「南木コレクション」が大阪城天守閣に残る。号は萍水《ひょうすい》。
2　三代目、一八八一～一九六三年。大阪の浮世絵師。『上方』の表紙の大半を父親の二代目とともに担当した。
3　虎屋信託会社。

『上方』を発行した南木芳太郎さんの経歴については、大阪市史編纂《へんさん》所の古川武志さんが、雑誌の『大阪人』に連載されてます。[1]南木さんのご遺族に取材されたりして書いてはりますから、詳しく、確かな内容です。南木さんは、明治十五年（一八八二）一月十四日、大阪ミナミにお生まれになりました。南木さんのおうちは、もともと神職さんなんです。千日前の向こう、吉本のＮＧＫおますな、その向かいをちょっと南、道具屋筋にはいるところに神社がありまして、お父さんはそこの神主さんしてはったらしい。ほかにもあちこち兼務しはりました。

心斎橋筋の三津寺筋と宗右衛門町の間に、御堂筋にだけ西に通じている筋がありまして、新屋敷といいます。南木さんのお母さんはここでお風呂屋さんをしていたそうです。風呂だけやなく、将棋指したり、囲碁打ったり。町の倶楽部みたいな感じやったそうです。繁盛した時期もあったようですが、そのうち廃業することになったようです。

南木さん、お若い頃は苦労されたようです。病気がちで家も貧しく、上の学校にも行けなかったようですが、その頃から本がお好きやったようで、本屋の住み込みの仕事もされたと聞いてます。その後ね、大阪の道修町に「春元商店」ゆう薬屋さんがあって、そこが南木さんのご親戚かなんかでね、お勤めされるようになったんです。

当時、大阪に「夜店」がたちました。平野町[2]は一六で一と六のつく日、老松町[3]は三九とかね。古本屋さんも出てました。南木さんはものすごく熱心に夜店の古本屋を回ってはったそうです。後年、佐古慶三[4]さんが回想してはりますけど、佐古さんが夕方四時か五時くらいに平野町の夜店に行くと、必ず南木さんが一足先に本を買いに来てはったそうです。南木さんは薬屋さんのサラリーマンをするかたわら、大阪に関する書物の大コレクターになります。古本屋でずいぶんええ本集めてはるんです。これが後に「南木文庫」と呼ばれるようになります。そして、

『上方』刊行の足場になったんです。

1 大阪都市協会発行の雑誌『大阪人』で、二〇〇四年七月から十二月号まで計六回にわたって掲載された「南木芳太郎とその周辺――「上方」に生きた最後の趣味人たち」。
2 大阪市東区（現中央区）。
3 大阪市北区（現北区西天満）。
4 大阪の郷土史家、一八九八～一九八九年。蔵屋敷の研究などで知られる。膨大な蔵書は現在、教べんをとっていた大阪商業大学の商業史博物館に収められている。

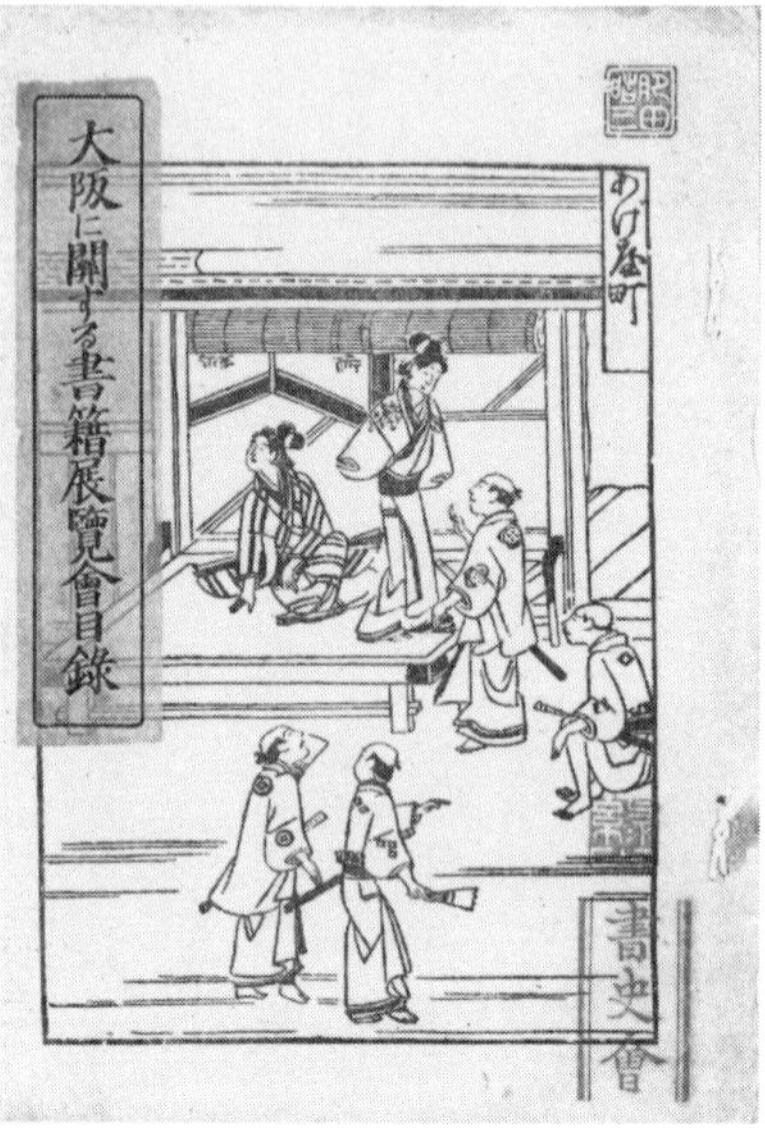

書史会が開いた
「大阪に関する書籍展覧会」の目録

大正の末に、大阪で「書史会」というのができました。関東大震災を契機に、大阪の若い蔵書家の熱心な人たち、同年輩の古本屋が集まったんです。南木芳太郎、三宅吉之助[1]、佐古慶三[2]なんかが代表的な蔵書家です。古本屋は、高尾彦四郎（高尾書店）、鹿田文一郎（鹿田松雲堂）、中尾熊太郎（中尾松泉堂）。月一回の例会で、本の持ち寄りをして楽しんではったんやと思います。テーマごとに自分のコレクション持ち寄って、目録も作って出してはります。

この人たちが大正十四年（一九二五）四月に「大阪に関する書籍展覧会」を開きます。大阪の郷土研究のためになる本を持ち寄ろうということになったんですな。目録を見てますと、全部でだいたい四百五十点かな。南木さんが百五十一点出してはります。トップです。三宅が百三十七、鹿田が五十九です。この時点でね、お互いに、大阪のええ本集めてるなと思いはったんやろけど、南木さんが大阪の資料をこんなに持ってはるというのは、皆、初めて知ったんやないかな。南木さん、これを契機に大阪の郷土史家として認められます。雑誌とかで書いてくれという依頼が増えた。南木さんは趣味家として、ずっと書いてはったんやと思います。

そのあと、『浪速叢書《なにわそうしょ》』3の出版が始まります。『江戸叢書』『京都叢書』ゆうものがあって、それぞれ郷土研究に必須で、今見ることが難しい、そんな文献を集めて活字化したもんです。大阪にそれがなかったんですわ。『浪速叢書』を持ちたいという機運はずっとあって、財界も応援して、大正末に刊行の第一歩を踏み出したんです。

その時、船越政一郎という人が編集主任になります。叢書に何を入れるかが問題になります。大阪の郷土文献を持ってる蔵書家に呼びかけて出品してもらうんです。南木さんをはじめ多くの蔵書が寄せられます。

昭和五年（一九三〇）に完結してますが、途中で船越さんが病気になりましてね、最後は南木さんが浪速叢書刊行会の編集責任者になりますねん。その仕事をしている時に雑誌『上方』の構想が始まったんです。南木さん、五十歳の少し手前ぐらいですな。

1　大阪の文化人、趣味人、一八八四〜一九四三年。広範な蔵書は「宇津保文庫」と呼ばれた。
2　大阪の郷土史家、一八九八〜一九八九年。
3　『摂陽奇観』『摂津名所図会大成』など全十五冊と別冊。一九二六年から三〇年にかけて出版された。

昭和六年（一九三一）一月、雑誌『郷土研究　上方』が発刊します。南木芳太郎は創刊号の冒頭でこう書きます。「滅びゆく名所史跡、廃れゆく風俗行事、敗残せる上方芸術、その一歩々々薄れ行く影を眺めて、私は常に愛惜の情に堪へません。滅びゆくものは時の勢《いきおい》として如何《いかん》とも致《いたしかた》方がないが、せめて保存に務めたい、そして記憶に留めて置きたい、これが私の念願でした」[1]。『上方』には、素晴らしい執筆陣が一流の論考を掲載されています。内容については後ほど、お聞きいただく機会もあると思います。南木さんがどれだけ、『上方』刊行に力を注がれたかをお話しします。

発刊直前の昭和五年から南木さんの日記が残っており、十三年にかけての日記の翻刻三冊が大阪市史編纂所から刊行されています[2]。その日記を見ると、『上方』がどのように作られていたかが、わかります。執筆者への原稿依頼、原稿への礼、原稿の編集や配列の決定、印刷所へ入稿、装丁、製版所へ写真の注文、挿入図版の配置。校正は自宅でするほか、南木さん自身が印刷所に出向いて、五時間から八時間かかりきりになります。

　表紙の絵はご近所に住んでいた浮世絵師の長谷川貞信さんに頼み、大阪・島之内の木版屋に持っていきます。その表紙の絵を最後の製本の段階で張り付けたんでしょう。それから、発送と袋詰め、宛名書き。定期購読者に送る袋のあて名は毎号、南木さんが全部墨で書いてはります。七百冊くらいです。

　完全に『上方』中心の生活です。ありとあらゆることを南木さんが、ほぼひとりでやっている。

　南木さんの家には、執筆者や若い学徒たちが寄ってくるんです。東京からも来ます。東大、京大の、みんな優秀な学生です。それとね、時々外食しはりますねん。どこの店というお好きな店はない。どこでも食べてはります。大阪中あちこちで食べはるから、こういうお店がこんなとこにあったのかとわかって面白い。それから、出品依頼があります。百貨店で催しがある場合も、南木さんがお持ちのものを借りに来ます。この時、ここでこんな展覧会やったんやなと、日記を読んだらわかりますねん。

1　創刊号の「発刊に際して」より。その中で、発刊の目的について「上方の持つ特色！誇りである文学、美術、風俗、行事、演芸、地跡、信仰、伝説、娯楽、俚謡《りよう》の等々、あらゆる上方趣味の宣揚を目的とする郷土研究を各方面の権威ある研究者、篤学者に依嘱して毎号得意の執筆を願ふて、上方文化の小縮図を漸次展開し、記録に留め置き、後学の参考の資に供したいと思ひます」としている。

2　「南木芳太郎日記――大阪郷土研究の先覚者《パイオニア》」。

雑誌『上方』の編集は「上方郷土研究会」で行っています。南木芳太郎さんが主宰された会です。南木さんはね、この会で募集して、毎回、大阪や京都、奈良、阪神、遠くは徳島に出かけて、見学会をやってます。第一回は「天王寺のどやどや」[1]、第二回は「野里の一夜官女」[2]とかね。その様子も『上方』に書いてはります。

芸能の鑑賞ということもやってます。歌舞伎、文楽、上方舞、落語、俄《にわか》、講談、水芸。上方が刊行された頃いうのは、落語や俄、講談は低迷していた時代です。文楽だけは、昭和五年（一九三〇）に四ツ橋に文楽座ができて息を吹き返してましたけど。芸能がどん底の時期にこうして鑑賞会を開いてくださった。力尽くしてくださったんです。読者の皆さん、熱心に例会に参加なさってます。やっぱり、いろんな芸能が危ない時期やと、皆さんも気いつきはったんやろね。南木さんの趣旨に賛同なさって、こないして集まりはったんです。

『上方』を支えた人はこういう人たちです。行事に来られた方の名前は『上方』に掲載されるんです。二十年前くらいかな、参会者の索引を作ったんだ、家内に手伝うてもろて。誰が何回来てたか、わかるんです。ただね、参加したのがどんな人かというとね、案外わからへんのです。私は昭和八年と十四年の電話帳持ってまして調べるんですけど、ほとんどわからない。当時はね、お金持ちでも電話ない、というのがなんぼでもおまんねん。あまり役に立ちません。

私らが知ってて、この方はこれこれこういう方やということがわかる方はわずかです。だいたい全部で二千五百人。常連の方もおますけど、一回だけの人もわりと多いんです。

七十六号（昭和十二年四月）やったかな、上方郷土研究会の会員名簿が出てます。大阪だけではなくて、東京の購読者もいたはりますさかい。三田村鳶魚《えんぎょ》[3]、河竹繁俊[4]、伊原青々園《せいせいえん》[5]とかね。当時でも出色の雑誌やったという証拠です。この時の会員は六百五十人ぐらいです。南木さんは、「会員が千人に達しないと経済が持てない」として「各自が一人ご紹介いただければ倍になる」と依頼してます。経営は苦しかったんです。

1　大阪市天王寺区の四天王寺で一月十四日に催される。下帯姿の若者たちが魔よけの護符を奪い合う。
2　大阪市西淀川区の野里住吉神社で二月二十日に行われる。人身御供《ごくう》の伝説を神事として伝える。
3　江戸文化研究家、一八七〇～一九五二年。「江戸学」の祖ともいわれる。
4　演劇学者、一八八九～一九六七年。歌舞伎などを中心に演劇史を研究。
5　演劇評論家、一八七〇～一九四一年。

『上方』の南木芳太郎さんと私と、ほん細いもんですけど、ご縁がおました。そのことをお話しします。大阪で、江戸時代から明治頃まで、「をんごく」ゆう、子どもの遊びがございました。夏の夕方、小《ち》さい子を先頭にして、子どもが列を作って、歌を歌いながら練り歩きます。だいたい女の子の遊びやけど、小さい男の子も入れてもらえるんやと思います。大きなったらあかんねやろうけど。

前の子の帯をつかんで、「をんごくなはは、なははやをんごく」という歌い出しで、そろりそろりと町の中を歩きますねん。これは明治時代でほぼ途絶えて、大正時代にはなくなっていました。『守貞謾稿《もりさだまんこう》』[1]に絵まで入って載ってます。『上方』とかほかの本にも、いくつも出てきます。

歌詞は色々です。私が一番聞いてますのは、「一おいて回ろ、こちゃ市立てぬ、天満なりゃこそ市立ちまする」という、数え歌です。十までございます。

「二おいて回ろ　こちゃ庭掃かぬ　丁稚《でっち》なりゃこそ庭掃きまする」
「三おいて回ろ　こちゃ三味弾かぬ　芸妓《げいこ》なりゃこそ三味弾きまする」
「四おいて回ろ　こちゃ皺《しわ》寄せぬ　年寄りなりゃこそ皺寄せまする」
「五おいて回ろ　こちゃ碁はうたぬ　ええ衆《し》[2]なりゃこそ碁打ちまする」
「六おいて回ろ　こちゃ櫓《ろ》は漕《こ》がぬ　船頭なりゃこそ櫓漕ぎまする」
「七おいて回ろ　こちゃ質置かぬ　貧乏なりゃこそ質置きまする」
「八おいて回ろ　こちゃ鉢割らぬ　ねずみなりゃこそ鉢割りまする」
「九おいて回ろ　こちゃ鍬《くわ》持たぬ　百姓なりゃこそ鍬持ちまする」
「十おいて回ろ　こちゃ数珠持たぬ　坊主なりゃこそ数珠持ちまする」

私自身は「をんごく」を見たことありません。でも調べてみると面白うてね。夏休みに「をんごく考」という題で論考を書いて、まとめたんです。昭和十八年（一九四三）頃、中学一年生の時やった。

1　江戸時代後期、江戸、京都、大坂の風俗や事物などを説明した考証的な随筆。約七百項目に及ぶ事物や事象を分類し、多数の図をつけて説明した一種の百科事典。著者は喜田川守貞。大坂に生まれ、三十歳頃に江戸に下ったが、東西の風俗の違いに驚き、書き記すことにしたという。「をんごく」は巻之二十八（遊戯）の項目に記されている。

2　『大阪ことば事典』（牧村史陽編、講談社、一九七九年）には「良家の分限者」とある。「よい衆《しゅ》」がなまったもの。昔は碁は旦那衆の遊びとされていた。

をんごくは大正時代には絶えてましたので、自分では見たことないんです。ただ、子どもの遊びということで関心があったんやと思います。大阪を代表する子どもの遊び、しかも現在、それがなくなった、ということで、残念がる気持ちがあったんでしょう。それで色々な書物に出てくる、をんごくの歌詞を集めたんです。をんごくを書いた記事は案外、多いんです。前にお話した『守貞謾稿』のほかにもね、折口信夫[1]も触れてますし、小寺融吉[2]も書いてます。小寺は舞踊の研究家です。その本がうちにおましてね、古い歌詞が書いてありました。そのほか目に触れる本に、をんごくの歌が載ってるのがあって、いろんな歌詞があるねんな、と思ってました。

『上方』は、もうこの頃から読んでましして、ここでも色々な人が、をんごくについて書いてはりました。二十一号（昭和七年九月）にね、南木芳太郎さんご自身が、をんごくのことを書

『上方』21号に掲載された
松川半山作の「をんごく」挿絵

いてはりますねん。をんごくの説明とともにね、挿絵が添えてありました。江戸時代のをんごくを、とっても正確に描いてます。古い時代はね、みんな花がさをかぶって、袖口に色糸で作った「十六ささげ[3]」を付けたそうです。

「松川半山筆[4]」とあります。この人は、江戸から明治にかけての大阪の代表的な絵描きです。風景画が得意でね、大阪の名所案内の本を非常に奇麗な色刷りの絵で出したりしてはります。南木さん、この絵を載せてはりますねんけど、これがどこにある絵や、ゆう説明ないんです。何とか知りたいという気持ちになって、思い切って、南木さんに手紙出したんです。もちろん、自分で書いていた「をんごく考」のためでんがな。ここはどうしても明らかにしておかないと。中学一年やったんですけど、一生懸命やってたんです。それで南木さんに手紙で「この絵はどこにあるんですか」とお聞きしたんです。そしたらね、南木さんから返事が来ましたんです。

1　民俗学者、国文学者、歌人、一八八七～一九五三年。日本の民俗学の基礎を築いた。「盆踊りの話」

に、をんごくについての記述がある。

2　舞踊研究家、一八九五～一九四五年。歌舞伎舞踊や民俗舞踊の研究を進めた。

3　豆科の植物であるジュウロクササゲの形に似せて作った色糸の飾り。

4　大阪の浮世絵師、一八一八～八二年。

南木さん、そのことを日記に書いてくれてはりますねん。昭和十九年（一九四四）五月十六日です。コピーを、大阪市史編纂所の古川武志さんからいただきました。「肥田皓三氏へ田中金峰（大阪繁昌詩）の返事」としてあります。田中金峰というのは十七か十八歳の時に、漢文で「大阪繁昌詩」という大阪の年中行事と名所旧跡を書いた天才少年です。これがベストセラーになりました。中で「をんごく」のこと書いてます。私の「をんごく考」の中に入れてます。そのことも手紙に書いたためかな、金峰のことと書いてはります。私が聞きたかったのは、「松川半山作の挿絵の出典はどこでございますか」ということでしたんですが。ご返事は、「大阪天満宮が所蔵してます」というものでした。その時は天満宮に問い合わせたりはしませんでした。今現在、天満宮にあるのかどうか知りません。[1]

昭和十九年五月といえば、南木さんが体調を悪くされ、上方も休刊になっていた頃です。私のほうは、尊敬している南木先生から返事をいただいて、もううれしいてね。図に乗ってまた、手紙を書いたんです。もうひとつ日記にあります。同じ年の五月三十日です。「肥田皓三氏へ返事　鯨取りの話について」とあります。道頓堀を開削した大坂の惣年寄の安井家[2]ございますね、この安井家が代々持ってはった文書をこの頃、うちでお預かりしていたんです。今は大阪歴史博物館におます。その中でね、道頓堀の河口で鯨が捕れた、ゆう話がおますねん。[3] 内容が面白いのでね、手紙に「安井文書の中に鯨が捕れたという記事がございます」というようなことを書いたんです。そしたら、また返事が来て、「また拝見にあがりましょう」という内容でした。それを読んでね、私は子どもやしね、ほんまに来はったら大変やな、どうしよかな、と思たんです。まあ来はりませんでしたけど。それにしても、南木さんはこんな子どもの手紙にもご返事を書いてくださった。ほんまに素晴らしい人です。

1　大阪天満宮文化研究所に問い合わせたところ、松川半山の「をんごく」の絵については、宝物の目録等に掲載されていないとのこと。

2　安井家は河内国久宝寺村の土豪。大坂の陣で中断していた道頓堀川の開削を完成させた。以後、日本橋北詰に屋敷を構え、代々大坂三郷南組の惣年寄をつとめた。道頓堀の名前の由来である道頓は、「安井道頓」の名前で知られているが、その後、本当は「成安道頓」であったということが通説になっている。

3　安井家文書の「安井家由緒書」（一六七〇年）の中で「元和元年（一六一五）に道頓堀川の河口を浚渫《しゅんせつ》していたところ、鯨が現れ、しとめて将軍（徳川秀忠）に献上した」との内容の記事がある。

昭和二十年（一九四五）三月の空襲で、私の家も、父の蔵書も焼けてしまいました。『上方』も全巻そろっていましたけど、もちろん全部、灰になりました。戦後は家の状況もすっかりすっかり変わってしまって、私自身も思春期やったんでね、『上方』のことはすっかり忘れていました。それからずっと年月たってからです。昭和三十三年春に病気になりました。中学の頃から体は丈夫やなかったですけど、放ったらかしてましてん。非常に悪い状態で肺結核を発病しまして、症状がものすごく進行してました。阪神間の大きい療養所に一年ほどいたんですが、家に帰りとうてね。帰りました。そのあとずっと家に十年間。ずっと無為徒食ですわ。何もできなくて、病床についてました。読書だけしかでけしまへんから。ほとんど出たこともなかったですわ。

　家で寝ている時に、『上方』のことを思い出しました。子どもの頃、好きやったなあ、郷土研究のことも関心あったなあ、また読んでみたいなあ、今やったらなんぼでも読めるのになあ、と思ったけど、昭和三十年代の『上方』は、古書価がめっちゃくちゃ高かった。なんぼやったかはもう覚えてませんけども、とっても手の届くような額ではなかったんです。[1] ほんならね、父の一番末の弟に当たる叔父がね、『上方』の全揃い持ってて、貸してくれたんだ。私が病気で寝ているから、かわいそうやと思ってくれたんかもしれません。ほんとにありがたかった。毎日、貪《むさぼ》るように読みました。ほかにすることがない。読むことだけが仕事ですわ。ほんとにうれしかった。

　内容がとってもええ、これを自分のもんにせなんだらウソやと思ったんだ。発奮したんだんな、病身ながら。ただ読み過ごすだけではなしにね、その濃い中身を自分のもんにしたいと思いましたんや。

どうすればこの内容を自分のものにできるやろかと考えて、思いたったんが索引を作ることです。『上方』は、執筆者が多い。なんべんでもでてくる執筆者のうちでね、自分の好きな人がやはりあるのでね、それが一番気になる。まず執筆者別の索引を作りました。

次は内容です。実に多岐にわたっている。自分の頭をはっきりさせるために、記事を取り出しやすいようにせんといかんと思って、地域別に索引を作りました。船場・島之内、天満、堂島、中之島から始めて、大阪の北部、上町から天王寺、江戸堀、京町堀、靭《うつぼ》、阿波座、新町、堀江というふうに分類しました。ノートもなかったんで、広告の裏に書きました。文芸やったら作家別に、西鶴[2]、鬼貫《おにつら》[3]、秋成[4]、蒹葭堂《けんかどう》[5]とか。それと俳諧、狂歌の記事が多うございます。それをずっと集める。次は芸能。歌舞伎、人形浄瑠璃、上方舞、上方落語など演芸部門の索引です。

『上方』は大阪に関する記事だけではなくて、京、大和、紀州、阪神間の記事も多い。だから地域ごとの分類をして索引を作るのも必要です。『上方』全百五十一冊のバラバラに載っている記事を同一主題ごとに集中して読めるようにしたんです。この索引がね、勉強するのにとっても益を受けました。ひとつの論文をいっぺんだけ読むだけやなしに、関連する他の論文を検索してあわせて読む。論文に対する理解を助けてくれる。若い時に熱中してするもんやから、とにかくインキが吸い取り紙に吸われるように、染みいった思いでした。

その後、『上方』が復刻された時、索引が作られましたけど、それよりずっと前に自己流で作っていたんです。病中、ほかにすることがありません。一生懸命でした。そやからね、執筆者のくせでもみんな知ってます。みんな親しい気持ちですわ。みなさんから大きな大きなお教えを受けました。今でも、一番取り出しやすいところに『上方』を置いて、ことあるごとに必要な場所を再読してます。上方文化についての私の知識はすべてこの雑誌から教えてもろたもんです。

1　その後、一九六九年から七一年にかけて、新和出版社から、『上方』全巻に別巻索引を加えた復刻版が出版された。
2　井原西鶴。江戸時代の俳人、浮世草子作者、一六四二～九三年。「好色一代男」「世間胸算用」など。
3　上島鬼貫。江戸中期の俳人、一六六一～一七三八年。伊丹の醸造家の三男。「大悟物狂」など。
4　上田秋成。江戸時代の歌人、国学者、読本作家、一七三四～一八〇九年。「雨月物語」など。
5　木村蒹葭堂。江戸時代の大阪の文人、一七三六～一八〇二年。本草学、書画に通じ、博物標本の収集家としても知られる。

『上方』を出してはった南木芳太郎さんは、大阪の文化活動にとって、なくてはならぬ人でした。大阪でなんか行事をする時には、必ず南木さんのところに相談にきます。昭和八年（一九三三）に大阪商工祭[1]をやったときも、南木さんが全部、おぜん立てしているんです。時代行列も南木さんが全部演出しています。衣装を借りたり、扮装《ふんそう》する人たちの世話をしたりとかね。

『上方』を発行した南木芳太郎。口ひげがトレードマークだった50歳代頃。
（曽孫《ひまご》の南木ドナルドヨシロウさん提供）

南木さんが心やすうしてはる人たちを総動員してですけど。

南木さんが戦前の大阪の文化の中心にいてはったというと語弊はあるかもしれませんけどね、何かにつけて、頼りにされてはったんは間違いありません。それにね、今でも、大阪のこと、ちゃんと勉強しよう思たらね、『上方』を読まずにできません。内容が古びてないんです。皆さんの役に立つことが満載されてます。

昭和四十三年、十年ほどの療養生活が終わって、私、中之島の図書館に非常勤で勤めることになりました。古い書物の整理のお手伝いの仕事です。郷土資料室[2]の隣の部屋でした。この資料室ゆうところはね、そらいろんな人が、来はりますねん。いろんな質問、問い合わせが毎日毎日です。司書の方が応対されるんですけど、時々応対に詰まられることもあるんです。

そんなんを隣で聞いてましてね、出しゃばったらあかんとは思うものの、「そのお話やったら、『上方』の第何号に関する記事が載ってます。開架で出ていますので、ご覧なったらいかがですか」とゆうようなことをね、お声を掛けるようなことがおましたんや。『上方』の内容は、療養中に読みふけったおかげで、ほぼ頭に入ってましたからね。それでね、思ったんです。それまで十年間病気で寝たきりやった。自分は世の中で何の役にも立たない人間やと思っていた。けれども、ここでなら人のお役に立てる。ここで仕事をさせてほしい、そう切に思いました。自分が役にたてる場所というのはほかにはない、と。そのまま、今日にいたっています。そういうお仕事をさせてもらえるようになった。そやから、『上方』と南木さんには、ほんとに心から感謝してます。

1　第一回は一九三三年十一月二～四日の三日間開かれた。大売り出し、大阪城から天王寺までの時代行列、講演会などが行われ、提灯《ちょうちん》行列まで繰り出す祭りとなった。

2　一九九六年に大阪資料・古典籍室に改組された。

木村蒹葭堂

江戸時代の大阪には、自分の商売をしながら、勉強の好きな人がいてましてね。自分で好きで勉強して学問を修めるという形で。町人でありながら、専門の学者になったような人もいます。

木村蒹葭堂《けんかどう》[1]はその一人です。ただ、町人学者は文学系の人が多いんですが、蒹葭堂は理科系、博物学です。ものすごいコレクションをお持ちで、日本中の知識人たちが集まりますねん。漢

木村蒹葭堂肖像
（菅楯彦画、『蒹葭堂遺品遺墨展観図録』（大正15年）所載）

詩も絵も上手です。まさに「知の巨人」とゆうても、おかしくない人です。

北堀江[2]の造り酒屋に生まれました。坪井屋吉右衛門が通り名です。姓は木村、名前は孔恭《こうきょう》、字は世粛《せいしゅく》、号は巽斎《そんさい》。蒹葭堂という号は、家で井戸を掘ったときに古い蘆《あし》の根が出てきたのでつけたということです。蒹葭というのは蘆のことです。蒹葭堂本人が書かはった自伝によりますと、子どもの頃から、体が弱かったのでお父さんが一緒に草花植えたりするようなことをしてはったらしい。これが後にこの人の一生にかかわってきます。

小さい頃から、一流の人たちから学問を学びます。五、六歳の時、大阪の絵描きの大岡春《しゅん》卜《ぼく》[3]ゆうひとについて絵を習いました。狩野派です。その後、鶴亭《かくてい》ゆうて、絵の上手なお坊さんが長崎から大阪に来て、それに習ったそうです。新しく中国から入ってきた、新しいリアルな花鳥画みたいな感じだんな。さらに、柳沢淇園《やなぎさわきえん》[4]、池大雅[5]にもついたそうだ。

博物学は十二歳頃から、京都の本草学者、津島桂庵《つしまけいあん》に習い、その後、小野蘭山《らんざん》[6]の教えも受けてます。これもごっつい大物です。

片山北海[7]について漢詩文も勉強しています。大阪の人たちで、のちに「混沌詩社」を作りました。毎月集まって、漢詩を作る会です。会には専門の学者もいますが、蔵屋敷のお武家さんも町人もいました。ごく自由なグループです、その中に蒹葭堂も入っていました。とにかくええ師匠についてます。これはやっぱりおうちに、ゆとりがあってのことだっしゃろな。そやないと、こんな一流の先生方につくのは難しい。

1　一七三六〜一八〇二年。
2　大阪市西区。
3　狩野派の絵師、一六八〇〜一七六三年。
4　大阪の文人画家、一七〇三〜五八年。
5　絵師、一七二三〜七六年。日本の南画の第一人者。
6　本草学者、一七二九〜一八一〇年。
7　儒者、漢詩人、一七二三〜九〇年。

今回改めて調べてみまして、蒹葭堂の生涯を決めたのは、『明朝紫硯《みんちょうしけん》』という本ではなかったかと思います。元は中国の書物です。明朝時代の文徴明《ぶんちょうめい》[1]以下、中国を代表する文人たちが草木の絵を描いているんです。延享三年（一七四六）、蒹葭堂の絵の師匠である大岡春卜が手に入れて、日本版を出します。これが、上方で初めての色刷りの絵本なんです。蒹葭堂、これを見てものすごいショック受けたらしいです。ああ、わかるわ、と思いました。この人は小さい時から草木が好きで、この本を見たことで生涯の志向が定まったんやと思います。

蒹葭堂の興味が本草学、博物学のほうに向かっていったんは、この本のせいなんやと思います。草でも花でもね、正確に見たいという気持ちがあったんでしょうね。そやからこういう色刷りの本に出会うて、目の前が開けたんやと思う。この本は、絵の手本として我が国でものすごい歓迎されました。江戸時代から明治までなんべんも繰り返し、発行されてます。私、これの発行年代の違うものを五種類、見てます。最初の本がやっぱり、すごいんですわ。きれいな色です。あとはだんだん色がえげつなくなってます。絵自体は変わらないのですがね。

大阪市立美術館が『近世大坂画壇』[2]を作ります時にね、私に大阪刊行の絵本について書け、ということになったんです。何の知識もなかったんですけれども、大阪府立中之島図書館が持っている絵本を見せてもらったり、京都の本屋で、ご主人が絵本が大好きというところがございまして、たくさん持っておられたので、拝見したりしました。関西大の図書館にもなんぼかありました。なんやかんやで、発行の時代が違う『明朝紫硯』を五種類見ました。上方の絵本を研究するうえでとっても大切な本です。ただ、当時、並べて見たわけやないので、きちんと論ずるのは難しいですけど、今なら見比べるのもそれほど難しくないでしょう。研究が進むかもしれません。

1　一四七〇〜一五五九年。中国の明朝に活躍した文人。
2　一九八三年出版、同朋舎。筆者は「絵本」を担当し、『明朝紫硯』についての考察を展開している。

『明朝紫硯』に触発されたんでしょう、木村蒹葭堂は博物学方面で活躍されます。何より、この人を有名にしたのは膨大なコレクションですわ。日本や中国の本、書画、地図、古銭、古器物。それから博物標本では鳥、獣、虫、魚、貝、草木、花卉《かき》、鉱物などです。蒹葭堂の集めた、貝や鉱物の標本は大阪市立自然史博物館[1]にあります。ものすごい立派でっせ。

蒹葭堂の名前は全国に知られ、同好の士は大阪を通過するときに必ず蒹葭堂に会いに来た。蒹葭堂は惜しみなく資料を見せる。質量ともに並はずれた幅広い収集に、鷹揚《おうよう》な人柄。とにかく何を尋ねても知らんことがない。丁寧に、愛想よう応対してくださったと思いますわ。みんなから慕われたんやと思いまんなあ。金持ちやから集めることができたと思われるかもしれませんけど、本人は「百費を省き」と、ものすごく節約したと書いてます。それから集めたものは「奇を愛するにあらず、専ら考策の用とす」として、決して道楽で集めたのではない、とゆうてます。

この人のもうひとつの特色は、商業出版に乗らない著述を、自分のお金で出版してはりますねん。非常に価値のある内容だけど、出版しても採算がとれないものを援助する。蒹葭堂はこれをやってはりますねん。「蒹葭堂版」と呼んでますねんけどね、約二十種残ってます。一番最初、京都の大典禅師[2]というえらい坊さんの詩文を集めた『昨非集』を宝暦十一年（一七六一）に出した。二十五歳の頃です。中国の画論なんか二冊も出してます。これは日本の勉強家に、中国の一番新しい画論を知らしてあげたい、と入手した本を誰にも見られるようにしたんやと思います。『煎茶訣《せんちゃけつ》』ゆうてね、煎茶の指南書もあります。中国の書物ですけど、大典禅師が補のうてはります。当時、煎茶がはやってね、上田秋成[3]なんかとも一緒にやってます。蒹葭堂がこの本を持っていて、みんなに読んでもらおうとしたんでしょう。文化のパトロンですわ。財政的に余裕があったとかそういうことやないと思います。立派な人です。出版するべきものを後援する。そらよう、つとめはった。

1　大阪市立自然史博物館のホームページによると、蒹葭堂のコレクションは「奇石標本」と「貝類標本」の二組ある。戦時中、戦火を避けるため、京都大学に運ばれたものが、一九七四年に同博物館に寄付された。

2　相国寺住持、一七一九〜一八〇一年。諱《いみな》は顕常《けんじょう》。多くの文人と交流を持った。

3　読本作家、歌人、国学者、一七三四〜一八〇九年。「雨月物語」で知られる。

大田南畝《なんぽ》[1]という人がいますな。狂歌の蜀山人《しょくさんじん》です。この人は幕臣で、江戸の人ですけど、享和元年（一八〇一）に、大阪へ銅座の役人として赴任してきます。銅座は今の大阪・北浜の愛珠《あいしゅ》幼稚園[2]のところにありました。下宿は南本町。その時に書いた日記が「葦《あし》の若葉」です。色々なところを見物したみたいですな。

大阪に来た蜀山人は、木村蒹葭堂を訪ねます。お互いに何度も互いの家を訪問したという記録が残っています。蜀山人はね、かねて知りたいと思てたこと、疑問に思てたことを、蒹葭堂に質問しようと思い立ったんです。半紙に質問を書き、蒹葭堂の家に行って色々と雑談をしたあと、その紙を置いて帰るわけですわ。それを見て、蒹葭堂がいろんな書籍を調べて、答えを書いて、次に蜀山人と会うた時に返すんです。

そんな蒹葭堂と蜀山人のやりとりを、一冊に綴《と》じて、蜀山人が本にしますねん。『遡《そ》遊従《ゆうじゅう》之《し》』といいます。その原本が大阪府立中之島図書館に残っています。わたしがちょうど図書館にいた時分、東京の古本屋の目録に出て、図書館が買うたんです。これが大阪に来たというのはほんとによかったです。大阪にとって何より大切な本です。

昭和四十六年（一九七一）ですか、この年ね、期末になって、図書館の予算が余ったんです。それで、郷土資料室主任の多治比《たじひ》郁夫[3]さんが何か使わなあかん、言いはりましてね。それで私が、『遡遊従之』の複製を作りましょうや、ゆうたんです。せっかく作るんやから、ええ仕事をして、図書館の上層部揺さぶりましょう、と。「大阪資料叢刊《そうかん》その1」とたいそうなタイトルを付けました。そやけどね、予算が余ったのはその年だけ。「大阪資料叢刊」はこの一冊きりですわ。多治比さんが解説書きました。

面白い本です。二人のやりとりの水準が高い。蒹葭堂や蜀山人たちが生きていたのは、江戸文化の最高潮の時代とゆうてええんやないですか。考えてみれば、蕪村[4]も、秋成もこの時代の人です。

1　狂歌師、文人、一七四九～一八二三年。大阪・銅座に赴任中、中国で銅山を蜀山と呼ぶのにちなみ、蜀山人を号とした。

2　大阪市中央区今橋三にある大阪市立幼稚園。一八八〇年に開園、大阪で最も古い。園舎は国の重要文化財に指定されている。

3　一九三二～二〇一六年。大阪府立中之島図書館に長く勤務し、郷土資料、古典籍の収集、保存にあたった。

4　与謝蕪村。江戸時代を代表する俳人、画家、一七一六～八四年。

木村蒹葭堂と大田蜀山人の問答集『遡遊従之』の内容が実に面白い。二百年以上も前に、こんな問答をしていたとは信じられんほどです。質問は全部で四十五。地理、外交、物品、薬品、化学、中国料理、大阪の郷土史、寺社、とにかく何でもだ。尋ねる側の蜀山人も、ものすごい知識人です。その人が知らないことを蒹葭堂に尋ねる。それを丁寧に、答えてくれるわけです。

一番最初はこんな質問です。「天満ノ種樹家（植木屋）ニテ黎《れい》蘆《ろ》[1]ノ如キモノヲ見ル。名ヲ問ヘバ、ハマヲモトト云ウ。漢名何ニテ候ヤ」。植物学は蒹葭堂には得意の分野です。「所謂《いわゆる》浜《はま》木綿《ゆう》ナリ。熊野ノ海浜ニ多シ」などと、色々と文献をひいて返答します。

「大阪冬の陣のあと、埋めた外堀はどのあたりか」という質問もあります。「南瓦屋町のあたりより、真田山のあたりで北に折れて平野川に入る堀があります。この辺でしょう」と。こんなんは大阪の郷土史ですね。

蜀山人は銅座の役人だけあって、銅山のことも聞いてます。「中国の銅山はどこにあるか」。蒹葭堂は『天工開物』[2]などの書物をいくつか引いて中国の銅山の状況を説明しています。このほか、質問を見ているだけで、面白おまっせ。「サボテン、アダン、キリンカクの漢名は」「鯨《げい》糞《ふん》[3]はなにの役にたつか」「薩州、琉球とに属する諸島の別」「葡萄酒《ぶどうしゅ》の製法」。聞く方も聞く方でっけど、答える方もすごいですな。

「燕窩《えんか》というのはどういうものか。今あるものは本物か」という質問もあります。燕窩てなんやろな。答えは、「中国から来たのは本物やけど、長崎では高価なので、本邦のものは白カンテンにて代用することもある」と書いてあります。そうか、中国の食材の「燕の巣」でっしゃろな。

「サフランはなにものぞ」という問いには、「西洋諸国に産す。サフランは亜剌比亜《あらびあ》国の名なり。羅甸《らてん》語にコロシュスと云う」と答えてます。蒹葭堂はサフランが好きやったんでしょうな。何枚もサフランの絵を描いてます。それにしても、アラビア語やラテン語の知識までおありになったんですな。

1　万年青《おもと》の漢名。

2　中国の明末、一六三七年に刊行された産業技術書。著者は宋応星。

3　龍涎香《りゅうぜんこう》。マッコウクジラの腸内でできる結石。香料の一種でもある。

木村蒹葭堂の晩年は、順風満帆ということはなかったんです。寛政二年（一七九〇）に、酒を過剰に造ったという咎《とが》を受けて、醸造ができなくなり、町年寄の役を奪われます。店を任せていた支配人が決められた以上の酒を醸造したようです。蒹葭堂はえらい災厄を被りました。

蒹葭堂をひいきにしてくださいました、伊勢の増山雪斎《ましやませっさい》1というお殿様が、長島の川尻村に呼び寄せました。雪斎は文人で、絵も描かはりますし、なんでもできた人です。蒹葭堂はしばらく、川尻村にいたあと、寛政五年、大阪に帰り、伏見町に住みます。大田蜀山人が来たのは、この家です。享和二年（一八〇二）、ここで亡くなりました。数えの六十七歳でした。

亡くなったあと、幕府が蒹葭堂の蔵書を買います。五百両のお下賜があったといいます。幕府の昌平坂学問所[2]に納められたそうです。明治維新のあと、内閣文庫[3]に入ったんと違いますかね。

内藤湖南[4]という学者がおられます。大阪の町人学者の代表といわれる富永仲基《とみながなかもと》[5]は、湖南が見つけたんです。こういう人がいてるぞ、先駆的な仕事をしてると、紹介しはった。その湖南なんですが、蒹葭堂には点が辛いんです。「蒹葭堂は酒屋の檀那《だんな》であったが、この人の学問は商売には何の関係もなく、また道徳の修養とかいうためでもなく、ほんの道楽が昂《こう》じていろんなものを集めることからまとめることができた学問である」（「大阪の町人と学問」『日本文化史研究』弘文堂書房、一九三〇年、後『内藤湖南全集第九巻』筑摩書房、一九六九年に収録）

まあ、湖南がいう通りなんです。蒹葭堂には思想的なものはないんです。とにかく、ものについて色々と考察していく。実事求是というかな、実物をみてそれでものを考える。蒹葭堂の学問はそういうことです。その真摯《しんし》な態度は素晴らしいと思います。大阪の町人学者としても特別でしょうね。仲基なんかは哲学系の考察の人やな。入江昌喜[6]とか、古典学の研究など大きな仕事をした人はいますけどね、蒹葭堂は別格ですわ。漢詩文なんかで文学にも関係ありますけど、この人はやはり博物学、理系の学者ですね。

1　伊勢長島藩主、画家、一七五四〜一八一九年。二十三歳で家督を相続。諱《いみな》は正賢《まさかた》、雪斎は号。文人大名として知られ、木村蒹葭堂らと交流した。
2　一七九〇年に設立された江戸幕府直轄の学問所。幕臣や藩士などの教育にあたった。
3　一八八四年創立の官庁図書館。江戸幕府の昌平坂学問所などの蔵書を引き継ぎ、東洋の古典が豊富。一九七一年以降、国立公文書館内に移り、同館が管理。
4　一八六六〜一九三四年。名は虎次郎。新聞記者のあと、京都帝国大学で東洋史を長く担当した。
5　江戸時代、大阪の町人学者、一七一五〜四六年。合理主義の立場から、儒教、仏教などを批判した。
6　江戸時代、大阪の国学者、一七二二〜一八〇〇年。

木村蒹葭堂は享和二年（一八〇二）に亡くなります。その後、文化十年（一八一三）に十三回忌がお墓のある大応寺（大阪市天王寺区）で開かれます。二十五回忌（文政八年〈一八二五〉）、五十回忌（嘉永四年〈一八五一〉）にも、それぞれ追悼会がございまして、みんな書画を持ち寄るとかして、展観を開いております。目録も残ってございます。そういうふうなことで、蒹葭堂は亡くなってからもみなさんに慕われていました。安政六年（一八五九）に『蒹葭堂雑録』という本が暁鐘成《あかつきかねなり》[1]の編纂で出版されてます。大きな学者として尊敬されたんでしょうね。

明治三十四年（一九〇一）ですか、大阪の古書商の鹿田《しかた》松雲堂《しょううんどう》の二代目、古丼《こたん》[2]が主催して、蒹葭堂の百年忌が催されました。大応寺で仏事をして、安土町の書籍商事務所で、「蒹葭堂遺墨展」が開かれました。祭壇には、谷文晁《ぶんちょう》[3]作の肖像画を置いて、花々で飾ってます。村山香雪[4]、平瀬露香[5]、芳川笛村《てきそん》[6]など、大阪の文化人あげての展観でした。鹿田の主人が、蒹葭堂の後《こう》裔《えい》が静岡のほうにいるらしいと聞き、捜しに行ったんですが、わからなかったそうです。出品物の目録、蒹葭堂の伝記資料の文章を印刷にして、『蒹葭堂誌』という本を作っています。

　鹿田松雲堂は蒹葭堂が書いた日記を持ってはったんです。昭和十八年（一九四三）になってね、鹿田の四代目の文一郎が「蒹葭堂日記を読む会」を開いて勉強したいという気持ちを持ちはったんです。京都大学教授の野間光辰[7]に相談して、「蒹葭堂日記」を写真に撮って、読もかということでね、雑誌『上方』の南木芳太郎、藤里好古[8]、後藤捷一[9]など十三人が寄って研究会を始めるんです。

　この時、大応寺で百四十三回忌の法要を営んで、展観もしました。『上方』の百四十六号（昭和十八年三月二十五日）に掲載されています。その時に、南木は記念に絵はがきを配りはったんです。肖像画、墓の拓本、「蒹葭堂日記」の一部です。

　日記を読む会は二回ほど寄りはりましたんですが、時代が悪かった。戦況が逼迫《ひっぱく》してきまして、やむなく中断ということになったようです。

1　戯作者、浮世絵師、一七九三〜一八六〇年。
2　一八四六〜一九〇五年。
3　江戸時代の画家、一七六三〜一八四〇年。
4　龍平。朝日新聞の創始者、社主、一八五〇〜一九三三年。

5 大阪の実業家、粋人、一八三九〜一九〇八年。
6 大阪の画家、一八四三〜一九二〇年。
7 京都大名誉教授、国文学者、一九〇九〜八七年。
8 郷土史家、一八九七〜一九六六年。
9 郷土史家、一八九二〜一九八〇年。

昭和三十六年（一九六一）のことです。大阪の古本屋仲間でつくる大阪古典会が、創立六十周年の「大売立《おおうりたて》」をやろうということになりました。戦前は大阪古典会が中心になって、大がかりな売立をやってたんです。とりわけ、昭和十三年の富岡鉄斎《とみおかてっさい》[1]の蔵書の大売立は古本界の大事件でした。ええもんがうんとあった。ただ、それ以来、大阪古典会では大きな売立はしてなかったんです。

三十六年の時は、東京古典会、京都古典会の協力を得て、戦後初めての大がかりな売立を開くことにしたんです。場所は、大阪・今橋にある大阪美術倶楽部。[2]この時、目玉になる品として、「蒹葭堂日記」を出してもらおやないか、ということになったんです。

「蒹葭堂日記」というのはね、木村蒹葭堂が四十四歳の安永八年（一七七九）から、六十七歳で亡くなる享和二年（一八〇二）までの二十四年間の日記です。その間、六年間は抜けてますけど。半紙本で、袋とじ五冊。

日記は蒹葭堂の死後、養子の石居《せっきょ》が持ってました。その後、日記は木村家を出て、歌人の殿《との》村茂済《むらしげまさ》[3]と、山中信天翁《しんてんおう》[4]という学者、その二人の手に渡ります。

明治頃には、古書商の鹿田松雲堂が入手しました。松雲堂はそれを大事に持ってましたんです。たまたま戦災を逃れたのですが、戦後は松雲堂を離れて流転することになります。昭和三十六年の時点では、三重県上野市（現・伊賀市）にあった沖森書店がお持ちでした。

店主の沖森直三郎さんは小さい時、上野から出て松雲堂で働いてはったんです。それで別家して上野に帰って、古本専門の古典籍の店を開きはりました。沖森さんは、松雲堂を離れた日記を心配して入手したんと違いますか。大切に持ってはったんだ。

この「蒹葭堂日記」を大売立に出してもらおうと、業界あげて沖森さんに頼んだんです。「蒹葭堂日記」は名前は知られていましたけど、ほとんど外に出ることはなかった。いわば貴書中の貴書です。皆さんの熱意にほだされ、沖森さんも最後には、うん、とゆうたんでしょうな。

1　南画家、儒学者、一八三六〜一九二四年。最後の文人と呼ばれる。一九三八年の大売立では、国宝や数多い美術品が出品された。東京、京都、大阪の会場で下見会を行い、その後入札会を大阪で開いた。

2　一九一〇年創立の株式会社。四七年に今橋の旧鴻池本家を購入、社屋とした。

3　両替商、歌人、一七九五〜一八七〇年。

4　詩人、書家、一八二二〜八五年。維新の志士としても知られる。

昭和三十六年（一九六一）に開かれた大阪古典会の「大売立」に私、行ってます。今橋の大阪美術倶楽部の一番上段のところに緋毛氈《ひもうせん》敷いて、「蒹葭堂日記」が置いてありました。日記の二十四年分が五冊に合本されてます。新たに表紙つけてね。いつ頃そういうふうになったんか、私は知りませんけど。桐の箱に収めたうえ、外箱で覆ってました。私も、手にとってみせてもらいました。

その時、ごっつう評判になりました。いったいこの「蒹葭堂日記」を誰が買うのやろか。どこに行くのやろか。下馬評はいろいろあったんです。奈良県のある大学の図書館が買うのと違

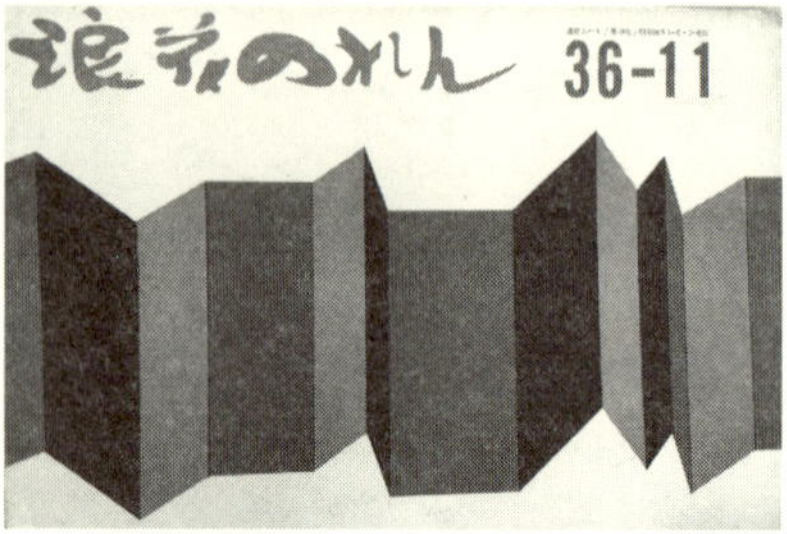

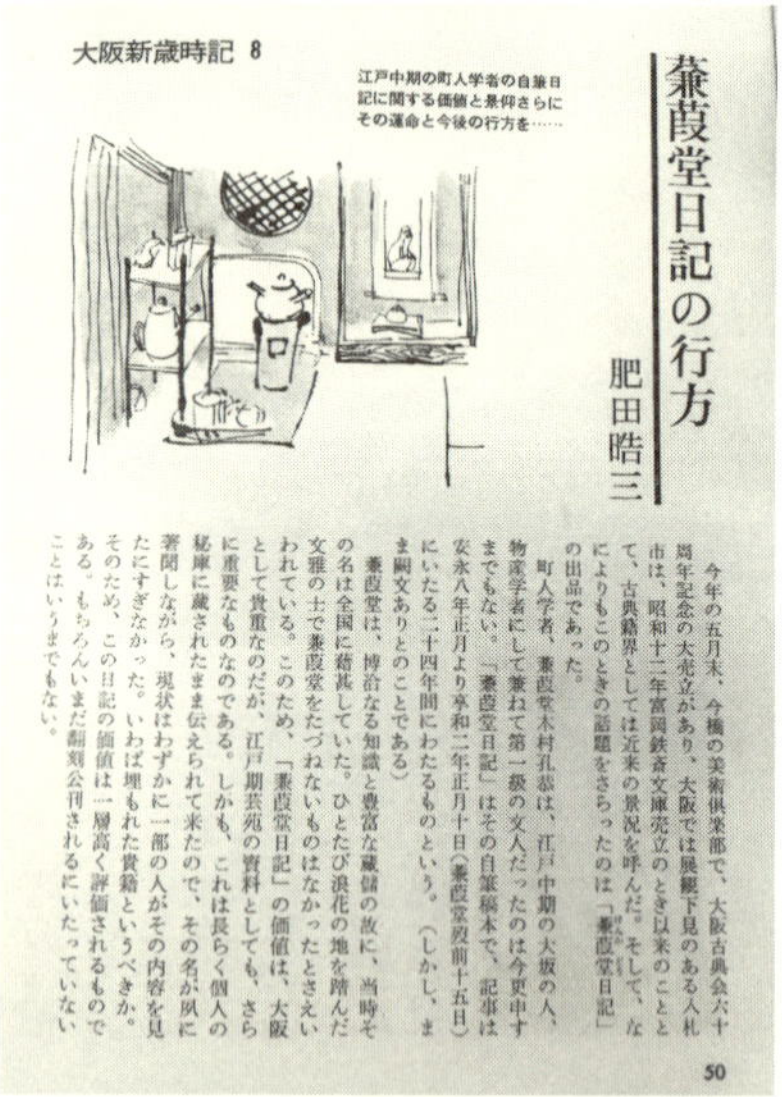

大阪新歳時記 8

蒹葭堂日記の行方

肥田皓三

江戸中期の町人学者の自筆日記に関する価値と景仰さらにその運命と今後の行方を……

今年の五月末、今橋の美術倶楽部で、大阪古典会六十周年記念の大売立があり、大阪では展観下見のある入札市は、昭和十二年富岡鉄斎文庫売立のとき以来のことと て、古典籍界としては近来の景況を呼んだ。そして、なによりもこのときの話題をさらったのは「蒹葭堂《けんかどう》日記」の出品であった。

町人学者、蒹葭堂木村孔恭は、江戸中期の大坂の人、物産学者にして兼ねて第一級の文人だったのは今更申すまでもない。「蒹葭堂日記」はその自筆稿本で、記事は安永八年正月より享和二年正月十日（蒹葭堂歿前十五日）にいたる二十四年間にわたるものという。（しかし、まま闕文ありとのことである）

蒹葭堂は、博洽なる知識と豊富な蔵儲の故に、当時その名は全国に籍甚していた。ひとたび浪花の地を踏んだ文雅の士で蒹葭堂をたづねないものはなかったとさえいわれている。このため、「蒹葭堂日記」の価値は、大阪として貴重なのだが、江戸期芸苑の資料としても、さらに重要なものなのである。しかも、これは長らく個人の秘庫に蔵されたまま伝えられて来たので、その名が夙に著聞しながら、現状はわずかに一部の人がその内容を見たにすぎなかった。いわば埋もれた貴籍というべきか。そのため、この日記の価値は一層高く評価されるものである。もちろんいまだ翻刻公刊されるにいたっていないことはいうまでもない。

50

（上）筆者の大売立の記事を掲載した雑誌『浪花のれん』
（下）掲載された「蒹葭堂日記の行方」

うか、とか、大阪の薬品会社の文庫やろかとか。そこらが有力でしたんや。それから、なんぼの値がつくやろか、というのも興味の的でしたね。

入札が終わったんですが、結局、不成立でした。大学も薬品会社も札入れはったんやろうけど、出品者の沖森書店さんが売るという値段まで、達しなかったということやと思います。そやから「蒹葭堂日記」は沖森さんのところに戻りました。

実は私、この大売立のことを原稿にしてますねん。「大阪有名大店会」[1]という小売業の商店の集まりの宣伝雑誌の『浪花のれん』の昭和三十六年十一月号です。題名は「蒹葭堂日記の行方」。どこが買うやろか、なんぼで買うやろか、と。こんな風に書いてます。「当日の噂《うわさ》はとりどりであった。あるいは五十万といい、あるいは八十万という。さらに甚だしきは百万を称す。値があって値がないのは、骨董《こっとう》古典籍のつねである。それにしても、さあ、これを誰が落札するか」。今、読み返してみても、やじ馬そのものだんな。

昭和三十六年やから、私は、三十歳です。その頃は病気で家で寝ていたんやけど、一年間何か書けと言われてね。若造の頃にこんなもんを書いているというのを、見ていただかなあかんと思って、古い雑誌を探して、ようよう見つけました。その後、「蒹葭堂日記」は、羽間平三《はざまへいざぶ》郎《ろう》[2]という方が買いはります。大売立のあと、沖森と直接交渉しはったんやと思います。

1　一九五二年創立。大阪府内の老舗小売業が集まってつくる協同組合。
2　一八九五〜一九七二年。

んです。先祖の天文の資料で、散逸して市場に出ていたものを集めてはった。自分とこの家の資料ということでね。「羽間文庫」と称してはった。

羽間さんが重富の資料を集めていたというのは有名やったんですけど、「蒹葭堂日記」を自分のものにしはったというのは、意外でした。羽間さんとしては先祖の天文学の資料以外にも、蒹葭堂の日記も欲しかったんでしょうね。もしかすると、日記に、重富さんが出てくるためかも知れまへん。そやから、買いはったんかも知れませんな。羽間さんのえらいとこはね、「蒹葭堂日記」をお手に入れたあと、その内容をみんなのものにしたい、と思いはったことです。日記を翻刻して、誰もが読めるようにしたいと。

なかなかできることやおません。高い値段で買いはったもの、自分で握ったままでええわけですわ。それを活字で翻刻したら、値打ち下がってしまうでしょう。「蒹葭堂日記」は大阪の財産やと、そんな風にお考えになったんやないでしょうか。

みんなは「蒹葭堂日記」ゆうたらね、木村蒹葭堂が誰と会うて、何について話をしたとか、どこから収集物を買うたとか、大阪の文化人のことが具体的に書かれてあると思っていたんです。これを読んだら、この当時の大阪の文化のことが全部わかると。でも実際は違いますねん。中を見てみたら、書いてあるのは、ほとんど人の名前だけなんです。

一枚の紙の裏表に罫《けい》が引いてあってね、これが一月分です。片側十四行か十五行、一日一行

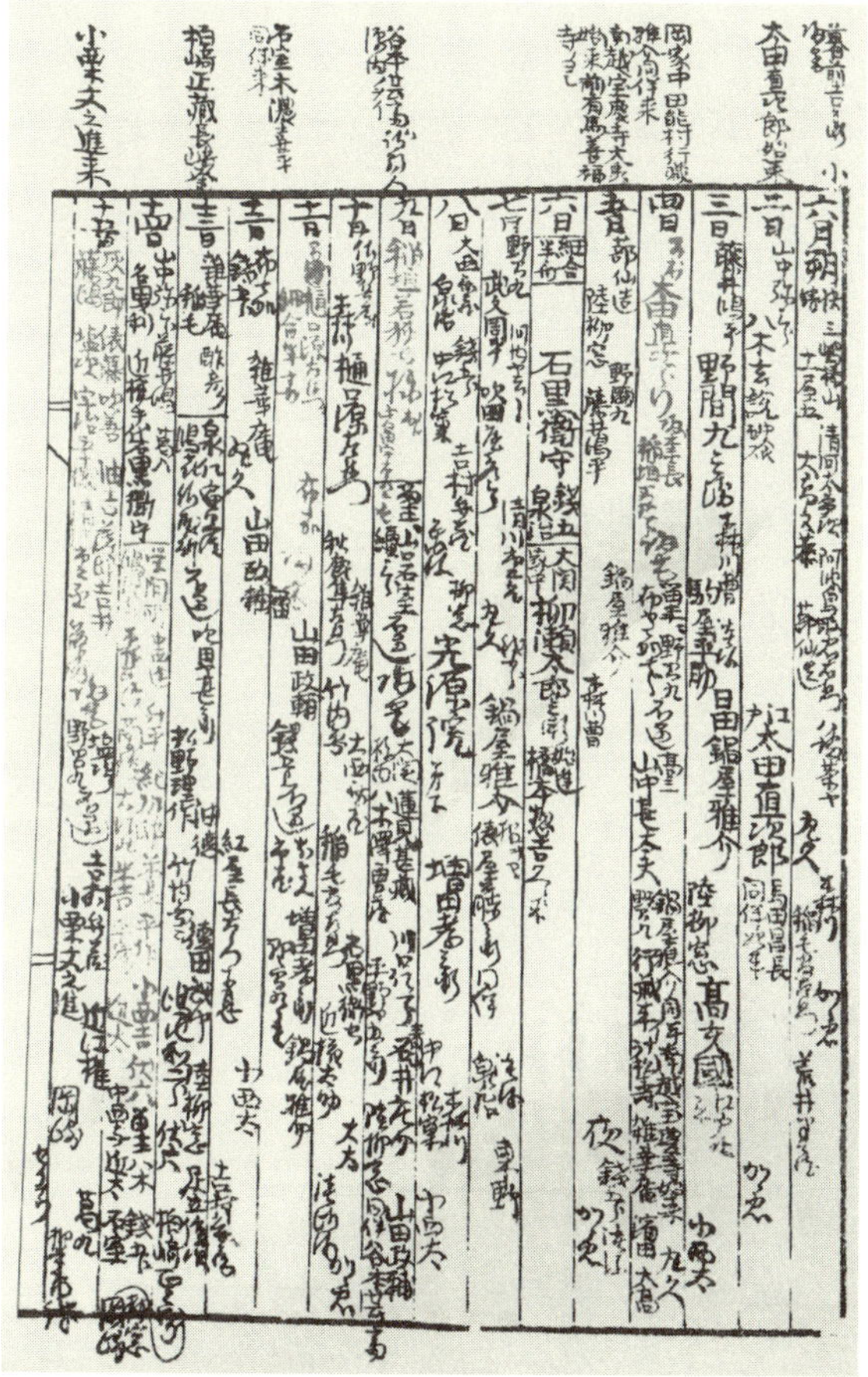

「蒹葭堂日記」１行が１日にあたり、
びっしりと来客名などを書いている
（蒹葭堂日記刊行会　複製本より転載）

だ。上半分が午前、下半分が午後。入り切らんときには、細い罫を二列に分けて書いてはります。

町内の人、商用の人、儒者、医家、僧侶、詩人、書家、画家、学者など、連日、大勢の人が来ますし、蒹葭堂も会いに行きます。丁寧な楷書で書かれていますが、漢字なども異体字や誤記もあります。略字みたいなものも。同じ人でも本名や通称、雅号など様々な表記をされている場合もあります。[1]

そやから翻刻というのは大変な作業なんです。羽間さんに頼まれて、この作業にあたられたのが、水田紀久さん[2]です。水田さんの「蒹葭堂日記」の読解の仕事が始まります。水田さん、ものすごい苦労なさって、複製本と、活字に翻刻した本を作られたんです。複製はまあ、できますけど、翻刻というのは、大変です。「蒹葭堂日記」は一行が一日分で、その日の来客を記していています。収まらん場合には細い罫《けい》を、また二列に分けて。水田さんは、学生さんたちにも手伝ってもらって、名前を書きだしてカードを作りはったんです。ほんまに苦心なさいましてね、出来上がったんが、昭和四十七年（一九七二）です。羽間平三郎さんが入手されてから、十年かかってますね。

翻刻には、水田紀久さんを中心に、野間光辰[3]さんと中村幸彦[4]さん、大谷篤蔵《とくぞう》[5]さんという長老の皆さんも手伝ってはります。この方たちも熱心に見てくださって、ええ翻刻が出来上がり、出版にいたった。この年の四月二十九日、出版を記念して、蒹葭堂の墓のある大阪市天王寺区の大応寺で、献本して、関係の資料を展観する催しがございました。羽間さんが挨拶して、みんな資料を持ち寄って。私もたいしたことないけど、なんか出しました。大応寺の本堂の前で撮ったんがこの写真です。

昭和 47 年に大応寺で開かれた「蒹葭堂日記」の翻刻完成の会の記念写真。前列左から 4 人目が羽間さん、その右後ろが水田さん

中央が羽間さん。紋付き袴《はかま》姿です。前列が長老です。羽間さんの右が元々「蒹葭堂日記」をお持ちやった、沖森書店の沖森直三郎さん。前列左から二人目が野間さん、羽間さんの左後ろに大谷さん。私も最後列左から二人目で並んでます[6]。

　私、展観にいったら、その内容をノートに写しますねん。たった、たったとね。速いもんでっせ。面白かったんは、蒹葭堂が酒を過剰に造ったということで大阪におりにくうなって、伊勢長島の川尻村に行きまっしゃろ、その時の転宅通知と地図が出てたんです。引っ越しの挨拶です。刷ったもんでね。頼山陽[7]のご子孫がお持ちでした。『勢州三重郡川尻村往来地図』。寛政三年（一七九一）十月。珍物ですわ。こんなもんが残っているということで、びっくりしました。

　この会のあと、一月もたたん間やったと思いますけど、羽間さん、亡くなりはったんです。つらいことではございますが、ご存命の間に翻刻が完成したというのは、不幸中の幸いかも知れません。

1　たとえば、間重富については、十一屋五郎兵衛、十一屋五、間五郎兵衛などと、様々な呼称を使っている。
2　国文学者、関西大学元教授、一九二六～二〇一六年。
3　国文学者、一九〇九～八七年。井原西鶴研究の第一人者。
4　国文学者、近世文学研究家、一九一一～九八年。
5　国文学者、一九一二～九六年。近世文学、俳諧を研究。
6　筆者は最後列の左から二人目。
7　江戸時代の思想家、歴史家、一七八〇～一八三二年。主著に『日本外史』がある。

　昭和五十七年（一九八二）になって煎茶のお家元の花月菴《あん》[1]のお蔵から、欠けていた寛政十一年（一七九九）と十二年の、「蒹葭堂日記」が見つかったんです。羽間さんの日記を「羽間文庫本」というのに対して、こちらは「花月菴本」といいます。羽間文庫本は合本されて計五冊に綴《と》じてますけど、こちらはほぼ元の姿のまま、二冊が出てきたんです。これはえらいこっちゃとゆうことで、水田紀久さんらが尽力されて、複製を作らはりました。五十九年に、その出版記念会が大阪美術倶楽部で開かれ、展観もございました。[2]

私、今はそんな手間はしてませんけど、昔は年賀状に凝ってましてね、その年の干支《えと》にまつわる戯《ざ》れ言《ごと》のあれこれを、細かい字で印刷して出してたんです。蒹葭堂のことを年賀状に書いたことがあるんです。昭和四十八年、丑《うし》年の分です。「天王寺の牛」「井上靖の闘牛」なんかの間に「蒹葭堂の牛酪」というのを書いてます。

前にもお話した、京都・相国寺の長老の大典禅師が蒹葭堂に宛てた手紙がございます。おそらく親子ほど年が違うんやろと思うけど、木村蒹葭堂と大典禅師のおつきあいの深さがようわかります。その中で禅師が蒹葭堂に、「あなたのところで作っている酪児を至急送ってくれ」という一文が入っているんです。「拙、近来此物に体力を託し候程の事にて」とあります。「この酪児に私の体力がかかっております」というようなことでしょう。酪児というのが何かは、わかりません。酪というからには、酪農品に関係あると思います。チーズかバターやないでしょうか。それやったら、牧場が要ります。蒹葭堂がどないしてチーズやバターを作ったのか、面白い話題ではないかと思っているんです。

私は子どもの頃から蒹葭堂のこと、好きやったんです。大阪を代表する町人学者やから。今回こないして、丁寧に調べてみると、えらい人や、と改めて思いました。こんな人がおられた。大阪の宝ですね。

1　花月菴流は、江戸時代、田中鶴翁（一七八二～一八四八年）がおこした煎茶の流派。木村蒹葭堂は煎茶の愛好者としても知られており、日記は遺族から鶴翁に譲られたとみられる。

2　展観目録によると、この時には、羽間文庫本と花月菴本など、蒹葭堂ゆかりの品が約二百点出展された。

耳鳥斎

江戸時代、大阪の画家で耳《に》鳥《ちょう》斎《さい》という人がいます。戯画とゆうんですか、風刺の利いた滑稽味があり、軽妙な筆遣いが人気がありました。今の漫画の元祖みたいな感じです。

生年ははっきりわかりませんが、亡くなったのは享和二年（一八〇二）か三年頃と思われています。京町堀に住んでたそうです。京町堀に難波橋、ゆうのがありましてそこの橋詰めやったらしいです。本名は松屋平三郎。酒屋してた、いいます。造り酒屋か小売の酒屋か、そのへんはわかりませんけど。とにかくちゃんとした家屋敷を持っている商家の旦那さんです。それが余技いいますのか、好きでこういうのを描いたんでしょうな。

今は、耳鳥斎ゆうたって、大阪でご存知のお方、まずないと思います[1]。ただね、戦前は人気ありました。

特に軸もんでんな。戦争の空襲で焼けるまでは、船場、島之内の普通の商人のうちには必ず座敷、床の間があり、床の間には、掛け軸を掛けんならんのです。生活の中の当たり前の様式です。その中でも好まれたのが、四条派[2]の花鳥画やと思います。美しい花鳥、風景は大へん喜ばれました。それから美人画も。南画を好む人もいました。

そんな中で、耳鳥斎、案外人気あったみたいです、漫画みたいな絵やけど。船場や島之内の家には、出入りの道具屋がいてます。おうちに合うような絵を選んでくれるわけです。仕来りみたいなもんで、普通の家庭では、道具屋がそれぞれ差配する形で、家にふさわしい、画風や値段の絵を準備するんやないんかなあ。耳鳥斎なんか、値段も手頃なんで喜ばれたんや、と思います。軽い漫画風の絵やし、故事みたいなことも書いてあるし。絵柄を楽しみながら勉強もできるので、明治から昭和の初めまで、よく売れたようです。ただ、偽物も多かったんと違うかな。割と誰でも描けそうな絵なんでね。

とにかく耳鳥斎という人、大阪らしい、といいますかね、好かれたようです。画壇の中に入るような絵描きやったかどうか、わかりませんけどね。

1 最近では、その独特の雰囲気がネット上で人気を呼んでいる。一部の作品については無料でダウンロードでき、電子書籍として楽しめる。

2 江戸中期、呉春（一七五二～一八一一年）を始祖として生まれた画壇の派閥。京都画壇の中心として発展し、多くの画家を輩出している。

耳鳥斎という人が初めて世の中に出てくるのが、はっきりわかるのは安永九年（一七八〇）です。『絵本水也空《みずやそら》』というのが耳鳥斎として最初の著作です。それ以前に肉筆の軸ものなんかもあるようですけど。版本として確実に残っているのが、これです。上方と江戸の人気の歌

耳鳥斎が描く市川団十郎

耳鳥斎『絵本水也空』
（宮尾しげを複製本）

舞伎役者の舞台姿を漫画風に絵本にしたものです。江戸と京大阪の四十三人の役者を描いています。その前の年、安永八年か七年か、大阪角の芝居[1]、京の春狂言、江戸の初春興行の狂言と、その時に役者が扮《ふん》した役、その似顔絵を一人ずつ描いています。だからこの本は、ニュース性、速報性にも値打ちがあったんやと思います。

耳鳥斎は大阪だけやなく、江戸や京にも行ったんでしょうね。ただ、そこらのことは、わからない。というより、耳鳥斎については作品が残っているだけ。伝記的なことは、何にもわからないんです。

みんなの意表をついた、前例のないような描き方です。省筆というんですか、大胆に線を省いた絵です。いわゆる漫画みたいな絵です。滑稽というか、かわいらしいというか。こんな役者絵は誰も見たことはなかったんでしょう。それでいてね、役者の舞台の姿を確実にとらえている。技量の高さもびっくりさせたんとちがうかな。

市川団十郎[2]。やっぱり、東西通じて一番の人です。「蓮生《れんしょう》」と役名が入ってます。明らかに「京鹿子娘道成寺」です。鐘もあるし。今はね、道成寺には坊主ようけ出てくるんですけど、江戸時代は坊さん二人だけです。坂東三津五郎[3]の白拍子に、団十郎と市川門之助[4]が出たんだ。当時の人はこれ見て、すぐにわかったんでしょう。「菅原伝授《すがわらでんじゅ》手《て》習鑑《ならいかがみ》」もあります。中村仲蔵[5]が菅丞相《かんしょうじょう》役をしています。簡単な筆致なんやけど、素朴な線のうちに、なんやうまいこと、写しとった。たとえば、団十郎は大きな鼻ですかな。こんな風に役者の本質みたいなものも写し取ってしまう。耳鳥斎の名前はいっぺんに知られるようになったんやと思います。

1　のちの角座。道頓堀五座のひとつ。
2　五代目、一七四一〜一八〇六年。
3　初代、一七四五〜八二年。
4　二代目、一七四三〜九四年。
5　初代、一七三六〜九〇年。

『絵本水也空』の題名は、「水や空空や水とも見えわかずかよいてすめる秋の夜の月」[1]という古い歌がもとになっています。水面とも空とも見分けがつかない、とらえどころのない様子を示してます。この本に描いてある役者の絵も、まことの姿か、仮の姿かわからない、虚実ないまぜ、ということなんでしょう。

ちょっとした諷意《ふうい》、世の中を諷するというようなところもありますね。その着想が今日の漫画と共通しているところがあります。だから耳鳥斎は、明治以降、日本漫画史の中で高く評価されます。江戸時代を代表する漫画家やと。最近の漫画とはちょっと違うんですけど、明治、大正、昭和前期の漫画ゆうたら、この形式です。

昭和五年（一九三〇）、漫画家の岡本一平[2]が『新水や空』という題名で、役者や政治家の似顔絵を描いた本を出してます。もちろん耳鳥斎の『水也空』を受けた名前です。[3]政治篇《へん》と演劇篇とがありまして、政治篇では、桂太郎、井上馨、犬養毅など、政界や財界、軍人の姿を軽妙な筆致で描いています。演劇篇では、中村歌右衛門の「淀君」とか、中村鴈治郎の「紙屋治兵衛」とか、人気俳優たちと当たり役がずらっと並んでます。ものすごい、上手な絵です。耳鳥斎の伝統というのは、昭和前期までは、みんなしっかり受け止めていたように思います。

耳鳥斎の『水也空』が江戸時代でもそんなに流布していたわけではないと思います。絵本の刊行数なんか知れてますから。だれもが見れた、というもんでもない。明治以降でも、原本はなかなか手に入らなかったと思います。ところが、昭和五年にね、岡本一平の弟子で漫画家の宮尾しげを[4]が、耳鳥斎の『水也空』を複製したんです。三巻を合本にして縮小したものです。それから、昭和九年に「稀書《きしょ》複製会」が原本どおりに複製しました。現代人は案外、この本で見ているんやと思います。原本はなかなか手に入りませんから。

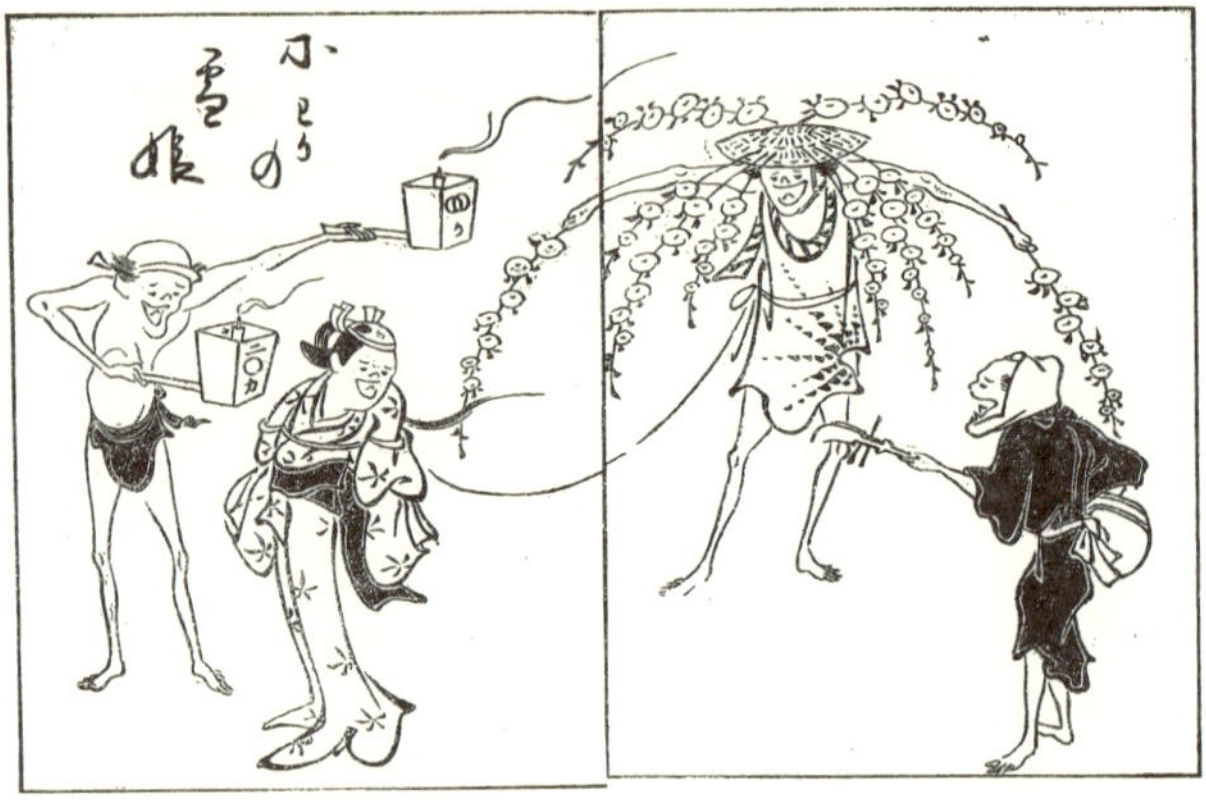

『鳥羽絵欠び留』で描かれた「にわかの雪姫」の絵
（古谷知新編『滑稽絵本全集上巻』文芸書院、大正８年より）

1　鎌倉時代の仏教説話集『沙石集』の中にみえる。
2　漫画家、一八八六～一九四八年。妻は小説家の岡本かの子、長男は画家、岡本太郎。
3　『新水や空（演劇篇）』（先進社）の前文に「耳鳥斎はかつて好きであった幕府時代の漫画家ゆえ、この俳優似顔絵帳もそれにちなんだ名をつけた」とある。
4　漫画家、一九〇二～八二年。江戸庶民文化研究家としても知られる。

少し話は変わりますけど、耳鳥斎が出てくる少し前の時代ですけど、大阪で「鳥羽絵」という絵がはやります。『鳥羽絵欠《あく》び留《どめ》』とか、『扇の的』『三国志』とかゆう本です。再版を繰り返しているんでね、最初に出版されたのがいつか、というのははっきりしませんのです。

鳥羽絵というのは、「鳥獣人物戯画」で有名な鳥羽僧正覚猷《かくゆう》[1]に由来してます。江戸時代にはやったんはね、滑稽な筆致の漫画本で、手足が異様に細長く、目や鼻は簡略化されているのが特徴です。題材としているのは、身近な毎日の生活です。

たとえば、『欠び留』にあるこの絵です。題名に「にわかの雪姫」とあります。「俄《にわか》」というのは、江戸時代から明治時代にかけて、路上や宴席などで行われた即興の芝居のことです。これは、歌舞伎の「祇園祭礼信仰記」[2]の雪姫です。桜にしばられてまっさかいな。雪姫といいじょう、豚姫みたいな感じですけど。桜にふんしているのも人間やし、三味線の伴奏も入る。「二〇カ《にわか》」と書いた行灯《あんどん》も持ってます。俄は夜の芸能やさかい、必ず照明が入るんです。こういう一団が町をまわって、町の人から「所望、所望」と声がかかったら、伴奏が始まって芝居をします。今はもうない風俗ですけど、そのさまを的確に描いてます。

『欠び留』には、ほかにも、浄瑠璃の稽古やら、ハゼ釣りの様子、子どもが落書きして叱られているところ、女性の大酒飲みの絵もあります。日常生活を誇張するなどして滑稽味を出して描く。どれも見てて、とっても楽しい絵本ですんや。その鳥羽絵の絵本が次々と出版されていく。描き手ははっきり署名しません。ただ、大岡春卜《しゅんぼく》[3]とか、狩野派のちゃんとした絵描きが描いているもんもあります。腕が達者なればこその絵です。そういう鳥羽絵の伝統のあるところに、それまでの鳥羽絵とちょっと違う、新しい、簡単な線で人気役者の姿を確実に写す画家が現れた。それが耳鳥斎やったと思います。

1　院政期の園城寺の僧、一〇五三〜一一四〇年。絵の名手として知られ、「鳥獣人物戯画」の作者とされる。

2　浄瑠璃義太夫節の時代物で、『信長一代記』を題材としている。有名なのは四段目「金閣寺」。登場する雪姫は八重垣姫、時姫とともに「三姫」といわれる。

3　大阪の狩野派絵師、一六八〇～一七六三年。

『画話《えばなし》耳鳥斎《にちょうさい》』が、耳鳥斎の二冊目の著作になります。天明二年（一七八二）のことだ。画工作者、松屋平太左衛門、大坂京町堀四丁目[1]とあります。平太左衛門というのは、発行元の京都の書店の主人、八文字屋八左衛門に対抗したんでしょう。耳鳥斎の本名は松屋平三郎やけど、面白がって、「へたざえもん」とした。この本がおもろいんです。大阪の町中のちゃんとした店の主人でね、日常生活でおかしなことを好んでやる、いわゆる変人、奇人のことばっかり書いてますねん。そこに耳鳥斎の挿絵がついてます。

春夏秋冬の各巻に四話ずつ、全部で十六話を収めています。どの話も、変人の他愛のない、いたずら、奇行、悪ふざけを延々と書き連ねています。やっぱり、耳鳥斎の絵が秀逸ですね。奇抜な寓意《ぐうい》が上手で、滑稽味にあふれている。「画話」と題するゆえんですね。たとえば、他人にお灸《きゅう》をすえたり、水を浴びせかけたりするのが大好きだというお大尽がいます。しくじった幇間《ほうかん》に大きなモグサで灸をすえ、扇子であおいで楽しむところを、絵で説明しています。

明治以降、この本はなかなか手に入らなかった。二十年ほど前に『京都大学　大惣本稀書集成』[2]ゆうのに収められて初めて、私は読みました。耳鳥斎の少し前の時代、享保（一七一六～

三六年）と宝暦（一七五一～六四年）の間、短い年号四つ[3]続いてね、だいたい十五年くらいです。その時分にね、どういうわけか、この本に出てくるような、奇人が大阪に現れて、その生き方が喜ばれたんですわ。

　ここが大事なとこだ。江戸幕府ができて百何十年たって、打ちつづく太平でね、自由な生き方を押し通していく人への共感、憧れみたいなものが、この時期にあるわけです。それが『画話耳鳥斎』を生んだとゆうていいのやと思います。みんな自分の楽しみというたらおかしいかなあ、まあ、やりたいことをせずにはいられなかった人たちがいた。それが人のためにどうとか、ゆうことではなしに、とにかく自分の楽しみだ。この伝統はね、耳鳥斎の後の時代も続きます。いわゆる奇人変人伝というのが人気を呼ぶんです。

1　耳鳥斎の住居については京町堀三丁目、江戸堀という説もある。
2　江戸時代の貸本屋、名古屋の大野屋惣八の旧蔵本を、京都大学が翻刻した。江戸文学や風俗研究の基本文献。本集成の第十二巻（臨川書店、一九九五年）に収められている。
3　元文、寛保、延享、寛延。

『画話耳鳥斎』で描かれたような大阪の奇人、変人の話は、とても喜ばれました。随分後の寛政頃になって、『当世痴人伝』というのが出ます。ここでも出てくるのは変人ばかり。名前は少し変えてね、読む人にはこれがあいつや、ということがわかるように書いたんです。

色街に居続けして早朝に家に帰った旦那さんが、門前の掃除をしたり水をうったりして戸の開くのを待つ話や、潔癖性で道具でも衣類でも人が触ったものは使わない大金持ち、厚化粧をして患家に往診をする医者とかもいます。とにかくおかしなやつ、アホみたいなやつばっかりです。その中でも最高の偏屈が、河内屋太郎兵衛[1]という人です。河太郎とか、茶話太郎とか、いろんな名前で呼ばれてます。『当世痴人伝』では嘉話太郎《かわたろう》という名前で、「すでに色々な書に出ているけども」という具合で登場します。大阪の馬鹿な大だんなです。『川童一代噺《かわたろういちだいばなし》』とか、『戯動大丈夫《たわれますらお》』とかいう本はこの人のことを書いた本です。

この男、隣家で催された香の会を邪魔するのに犬の死骸を焼いたり、酔っぱらったふりをしてえらい侍の頭を扇子で殴ったり、無茶苦茶します。駕籠に乗って底が抜けても、そのまま担がして、自分が歩いて行ったりね。これは落語にもありますな[2]。そうそう、耳鳥斎は『戯動大丈夫』でこの男の似顔絵を描いてます。

話は飛びますけど、江戸文化研究の第一人者の三田村鳶魚《えんぎょ》[3]が、昭和十四年（一九三九）四月に出た雑誌『上方』の第百記念号でね、この時期の奇人変人をものすごう高う評価するんです。「大阪の老荘学」というのを書いてはります。大阪の奇人変人は老荘趣味を持っているとしたうえで、「言語文字の外に出でて、一挙一動によって俗衆を啓発しておりました」「あの河太郎の挙措は悉く深甚な意味があって、一身のそのままに現代を教誨《きょうかい》するものであります」と手放しのほめようです。鳶魚さん、この時期の大阪の自由な空気、気風を、とても高うに評価して下さっている。うれしいことです。

1　江戸時代中期の大阪の豪商。大酒飲み、様々な奇行で知られた。
2　上方落語「住吉駕籠《かご》」で、堂島の米相場師二人が駕籠の底が抜けたまま歩くくだりがある。
3　江戸時代の文化、風俗、文学の研究家、一八七〇〜一九五二年。

下手な浄瑠璃に「槍を入れる」客たち
（耳鳥斎作『音曲鼻毛ぬき』より）

耳鳥斎は絵ばかりやなしに、浄瑠璃語りがとっても上手だったらしいです。しかもいわゆる滑稽なチャリ浄瑠璃[1]を語る名人やったらしいです。本名の松屋平三郎からとって「松平」の名前で出ていたらしいです。それでね、『音曲鼻毛ぬき』（寛政九年〈一七九七〉）ゆうて、浄瑠璃の技術入門、小さい本ですけど、こんなもんも出しているんです。この本はね、浄瑠璃の入門書としては行き届いた内容です。耳鳥斎の没後ですけど、再版もされてます。

耳鳥斎が描いた挿絵も三枚入ってございまして。道楽息子が親の前で稽古している、親不孝の図があります。浄瑠璃の稽古ばっかりしてますんやな、おかあはんの前で。親不孝もん、バカ息子です。
大勢の客の前で浄瑠璃を語る絵もあります。そしたら、ものすごい数の槍《やり》が一斉に突き出されている。これはね、へたくそな浄瑠璃に客の方から「槍を入れる」、つまり「ヤジを飛ばす」のしゃれやと思います。このあたりの絵のすばらしさはやっぱり耳鳥斎ですな。耳鳥斎ならではという挿絵です。これも落語の題材みたいですわな。[2]

序文に、「耳鳥斎主人、名人の意をわきまえ、世情に融通せり（名高い）。その門に入って聞くに、昔話の滋味、悟りを鼻紙の端に書きとどめ、初心の助けとて鼻毛抜きと題した」とあります。鼻毛抜きというのは、鼻紙の端に耳鳥斎の話を書き留めたということですかね。技術的な心得を説いているんですけれども、一貫してゆうていることは、「風儀正しくありたし」ということです。風儀よく語ることが一番大事や、とゆうてます。

耳鳥斎、滑稽で面白い絵を描いたり、チャリ浄瑠璃を語ったりしますけど、耳鳥斎の本当の人柄は、いたって真面目な人なんです。ご本人が浄瑠璃の入門書で説くところは、風儀正しく語らないかんということを繰り返し書くんです。だから精神的に正しくしてないといけないと。これはすなわち、耳鳥斎自身が、そういう風儀の正しい人やったんではないかな。これは間違いないと思います。

1　チャリは「茶利」とも書き、人形浄瑠璃や歌舞伎などで滑稽な場面や役柄のこと。チャリ場を得意とする太夫を「チャリ語り」という。滑稽な「おどけ浄瑠璃」の中には耳鳥斎作と伝わる「入間《いるま》詞《ことば》」

長者気質《ちょうじゃかたぎ》」という作品がある。お金が余って余って仕方がないという、大阪の商家で起きる抱腹絶倒の話。

2　浄瑠璃好きの商家の主人が周囲に迷惑をかける上方落語に「寝床」がある。

耳鳥斎は、寛政（一七八九〜一八〇一年）の終わりか、享和（一八〇一〜〇四年）の初め頃に死んだ、とされてます。最初の『絵本水也空《みずやそら》』を出したんが、安永九年（一七八〇）。生まれ年はわかりませんけど、この頃が二十五歳か三十やとして、それから二十年ほどで亡くなってますさかい、割に早う亡くなっています。五十歳になるやならずやないかな。

耳鳥斎は木村蒹葭堂《けんかどう》の「蒹葭堂日記」にも登場します。寛政二年六月十九日と、享和元年四月二十二日でしたかな。案外交流は少ない、同じ町人どうしでも。それでも、多少はお互い面識があったんでしょう。そやからまあ、享和元年には生きていたということがわかります。

耳鳥斎が亡くなったあと骨折ってくれる人があって、すぐに耳鳥斎の遺稿が二作出ました。『絵本かつらかさね』（享和三年）と、『絵本古鳥図賀比《ことりづかい》』（文化二年〈一八〇五〉）です。この二つが名作絵本なんです。『かつらかさね』の序文にね、『嗚呼南無三宝《ああなむさんぼう》[1]、今や則ち亡し』とあります。このことから、耳鳥斎の死後、この本が出版されたとわかるんです。

『かつらかさね』というのは十二か月の日月を重ねるという意味でしょう。絵は、正月の萬《まん》歳《ざい》から始まって、初釜、初午、端午、夏の夕立、盆踊り、秋の彼岸、菊見、十五夜、お火たき[2]、冬の顔見世、餅つきなど、全部で二十四図を収めています。上方の季節ごとの行事や風物が描かれてます。これに、与謝蕪村、[3] 高井几董《きとう》、[4] 宝井其角、[5] 大伴大江丸[6]など、そうそうたる文人たちの賛が添えられているんです。

これだけの手がかけられてますから、なかなかの高級絵本やったと思います。わたしは原本見てません。なかなか原本見るのは難しい。明治の末に、宮武外骨が『歳時滅法戒《さいじめっぽうかい》』の題名で新たに複製を出版しました。これで私は見ています。今でも時々、古本で出てくることがあります。買おうとおもたら、買えます。ただし、あんまり安うはおまへんけど。

1　本来は仏教の三宝を信じて、仏に頼ること。転じて、驚いたり失敗した時に発する言葉。
2　京都などで、陰暦の十一月に寺社で営まれる火祭り。
3　俳人、画家、一七一六～八四年。
4　俳人、一七四一～八九年。
5　俳人、一六六一～一七〇七年。
6　俳人、一七二二～一八〇五年。

『かつらかさね』に次いで耳鳥斎の遺作として出たのが、『絵本古鳥図賀比』。難しい字なんですけど、これは当て字でございまして、ちゃんと意味があるようです。本来は「部領使《ぶりょうし》」と書く、平安時代からある役職で、人や物を宰領して輸送する者。いわゆる宮廷の運び役です。これを「ことりづかい」とゆうたんです。日常生活のいろんな風俗を宰領して、生活の場面を絵本で示しましょう、という意味やと思います。

　この本では物事の対比がテーマです。「祝儀と不祝儀」とか、「養生と不養生」とか。それを滑稽な絵で示しているんです。たとえば、祝儀不祝儀。祝儀は、夫婦そろうて金婚を迎えている絵。子どもや孫に囲まれて、非常にめでたい家庭の景色です。不祝儀は仏事です。みんな追悼で仕上げやっているとこです。こっちも身近な景色ですわ。

　頑丈ゆうのんは、達者な連中が力比べしているみたいな絵です。不頑丈は、よろよろの老人。往生が近いというようなことでしょうな。ページめくるとすっとわかります。養生は何かええものを食べている図、不養生は、むさんこうに[1]ふぐを食べてる図だ。当時、ふぐ食う、いうのは不養生の最たるものやったんです。大胆ものは、化け物が来たって平気やという男。臆病者はカタツムリにおびえてます。これ、中学生の時に真似《まね》して描いた覚えがあります。

　私はね、この『古鳥図賀比』は、耳鳥斎の一番の傑作絵本やと思いますねん。本を繰って、次に場面が出る楽しさ。テーマも面白いですけどね。明治時代に、色ずり絵本で再版されて、たくさん売れたんです。わたしも子どもの時にその本で見てね、耳鳥斎でおもろいなと思ったんです。『古鳥図賀比』が載っている本はあります。[2]けど、なかなか簡単に見ることはありませんわ。文庫本でもあったらね、そら喜んで大勢の人が見はると思うけど、そういうことにならんうちに忘れられてしまった。

　今は昔の生活がわからんから、おもしろみが通じないでしょうな。戦前まではみんなわかったんですけどな。やっぱりあの戦争の前と後で、大きな違いがございます。何かにつけてな。

1　むやみに、むちゃに。むさんこに、とも。

2　『滑稽絵本全集上巻』（古谷知新編、文芸書院、一九一九年）に、『古鳥図賀比』と『歳時滅法戒（『かつらかさね』の改題）』が収められている。

耳鳥斎が存命中か亡くなった直後か、その評判が載った大阪の本が二冊ございます。『虚実《きょじつ》柳巷方言《さとなまり》』[1]と『浪華なまり』[2]。どちらも人物とか、事物の評判、価値とかゆうようなものを書いた本です。

『浪華なまり』には、「耳鳥斎の戯画は鳥羽の僧正もはだしにて」とあります。評価が高かったんでしょうな。それに先立つ『虚実柳巷方言』では「名人」の項目に耳鳥斎が入ってます。そこにね、「がこう絵　耳鳥斎」と書いてあります。当時、耳鳥斎の絵は「がこう絵」と認識されていたんがわかります。そこで問題です。「がこう絵」とは何のことか、です。鳥羽絵はわかりますけど、「がこう絵」ということを説明した大阪の本はどこにもないんです。

ふと気づいたんです。耳鳥斎と同じ時分の鴻池家[3]のご主人でね、雅号が「がこう」という人がおるんです。何代目かは知りません。雅好とか、鶩江とか書いたりします。その鴻池雅好さんが粋人でしてね。ものすごい長い髷《まげ》をしてはりますねん。それが新しいヘアスタイルやということで大流行しますねん。

この長い髷を「がこう髷」とゆうたんと違うかな、そして、耳鳥斎ががこう髷の人物を得意にして描いたんで、「がこう絵」と言われるようになったんと違うかな、と思いついたんです。ここまでは私の空想です。ただそうやって見ていくとね、この長い髷が、耳鳥斎の『画話《えばなし》耳鳥斎』『野暮の枝折』の挿絵の中にも描かれているんです。このような推察を、二〇〇五年に伊丹市立美術館で開かれた耳鳥斎の展観の図録に書きました。[4]

そしたら、同じ年の九月に東京の古本即売会の目録にね、『鳥羽絵風雅《とばえふうが》好元髷《こうげんまげ》・今様後篇紋《いまようこうへんもん》日鬘《ぴかづら》』というのが出ましてね。二万八千円。和本ばっかり扱ってはる本屋さんです。こんなんゆうたら怒られますけど、このお店はあんまりまともな本はおまへんねん。私しばらく考えたんです。好元髷というのは何や知らんのやけどね、髷という言葉にひっかかった。やっぱり、これは見とかなあかんやろと。見ずに買うのは危険なんですけどね。二万八千円、放《ほか》すつもりで、注文したんだ。

1　寛政六年（一七九四）刊。遊郭の客筋や四季の行事、遊郭内外の様々な人物を記す。
2　享和二年（一八〇二）刊。莚破居士《えんばこじ》著。
3　江戸時代の大阪の豪商。代々、当主は善右衛門の名前を受け継ぐ。大阪・今橋に屋敷があった。
4　二〇〇五年四月九日～五月二十二日に開かれた「笑いの奇才・耳鳥斎！　～近世大坂の戯画～」の図録に掲載された「耳鳥斎の版本作品について」。

そしたら、まさに「長い髷」の本でしたんや。大当たりでした。もちろん耳鳥斎の本ではありません。名前も『風雅好元髷』で、「がこう髷」とは書いてません。ただ、けったいな長い髷が大流行した、ということははっきりしました。

どんな本かと言いますとね、長い髷をした人が、いろんな滑稽な事件を引き起こすというもんです。こどもが凧《たこ》を揚げてると、長い髷がひっかかる。下駄の鼻緒が切れても、髷が邪魔でうまいこといかへん。髷を結うてもらう時でも、髪結いさんが踏み台乗って、えらい難儀しまんねん。とにかく長い髷を主題にして、それを笑《わろ》てます。髷が長いために、色々な滑稽が出てきたんです。

これと合本になっているもう一冊の『今様紋日髷』でも、やっぱり、長い髷が主題になって、

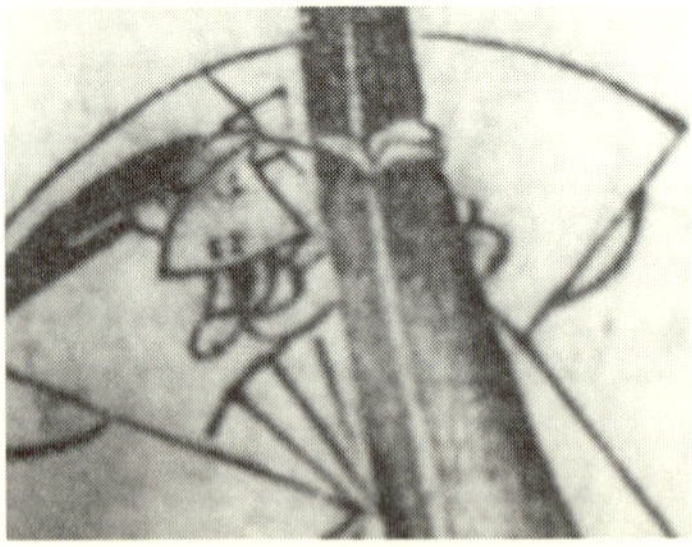

（上）あまりに長い髷のため、子どもが揚げた凧に髷がひっかかる（『鳥羽絵風雅好元髷』より）
（下）凧の拡大図。長い髷の人が描かれている

いろんな絵が収められてます。長い髷の男が色々な物を売っている様子を描いています。饅頭屋とか、薬売りとかね。これは、大阪の町を歩いていた物売りです。つまり、こんな絵本が出るくらいまで、長い髷が大阪で大はやりになっていたことがわかったんです。

びっくりです。奇跡でした。平成十七年（二〇〇五）四月に伊丹で耳鳥斎の展観があって、その図録に「がこう髷」のことを書いて、その五か月後の九月やからね。半年もたたんうちに、証拠が見つかった。長い間、古本とつきあってきたけど、こんなん初めてです。

それから、凧の絵をよう見ると、とても興味深いことがわかりました。長い髷がひっかかっている凧ですけど、普通の形ではなく、これが扇子の形になっているんです。その扇子に何が描いてあるか。やっぱり長い髷をした人物なんです。

耳鳥斎という人は、扇の絵をたくさん残してます。鴻池家に江戸時代の扇面の大コレクションがあり[1]、そこにも耳鳥斎のものもなんぼかあると聞いてます。残念ながら私は見てませんけど。おそらくですけど、耳鳥斎は大流行した「がこう髷」を扇面に描いて、大当たりしたんと違うかな。耳鳥斎が住んでいた京町堀はね、雑魚場《ざこば》[2]や米市場[3]の近所ですねん。そういったところの連中は、流行のトップを走る人ばっかりや。だれかがこう髷を描いた扇子を持っていれば、俺も、俺もと競って買うたんやないかな。

耳鳥斎の扇子が、魚市場と米市場の連中にもてはやされた、と書いたのを読んだ覚えがあります。おそらく「がこう髷」の扇子ものすごく売れたんやと思う。もしかして、がこう髷を描いた扇がどこかで見つかるかもしれないですね。あれば、万々歳なんですけど。現在までのところ、実物は見つかっていないです。見つかるとよろしいけどな。そやけどなあ、がこう絵の扇子ゆうたかて、雑魚場や米市場の連中は飽きれば捨ててしもたかもしれんなあ。もともと無数にあったと思うけど、残っているかなあ。

以上、申し上げたようなことが、『虚実柳巷方言《きょじつさとなまり》』に「がこう絵　耳鳥斎」とある理由やないでしょうか。鴻池の鵞江に由来する長い髷「がこう髷」が大流行し、その絵を得意にした耳鳥斎の絵が「がこう絵」と呼ばれるようになった。

このことに注目した人はなかった。今まで二百年も埋もれたままやったんです。それが偶然みたいな形ではっきりしてきたんでね、それはよかったと思います。

そう思うと、耳鳥斎の版本の『画話《えばなし》耳鳥斎』には長い髷を奉納した絵が入ってます。これは巻物ですけど、いろんな滑稽な地獄を描いた『別世界』の「金持ち頭の地獄」には長い髷が針のように刺さった絵が載せてあります。やっぱり、がこう髷と耳鳥斎は深い関係があったと思います。

1　東京・渋谷区の太田記念美術館は鴻池家が収集した扇絵の大コレクションを所蔵、その数は八百～九百点にのぼる。

2　小魚をはじめとする大衆魚を扱う魚市場を指す。大阪では、現在の西区京町堀から江戸堀付近に生魚商が集まり、雑魚場と称した。

3　大阪・堂島にあった米の取引所。現在の大阪市北区堂島浜。大阪は全国から年貢米が集まり、先物取引も行われた。

耳鳥斎の版本[1]に極力注意を向けることを心がけてきました。やっぱり、耳鳥斎のことを知るには、私にはそれしか方法がないんです。版本の中には、まだ見つからないものもあります。耳鳥斎には、軸の作品もたくさんあります。絵巻とか、扇面画とかも残っています。すごく人気やったんでしょうね。でも私は、版本にこそ、耳鳥斎が残っていると思うんです。本に入っているといっても、たった一図というのもあります。それを丁寧に見ることが大事や、これが私の仕事やと思うんです。

耳鳥斎の挿絵というのはね、耳鳥斎が生きている時に出ている。耳鳥斎には贋作《がんさく》も多い。どれが真作で、どれが贋作かというのはわかりません。版本の挿絵ならね、耳鳥斎が描いたことがはっきりしてます。それを見ることが、一番大事やという思いがあります。

私は美術評論家と違うんです。軸や絵巻は見る機会も少ない。もちろん、見せていただくのは好きですけどね。

ただね、耳鳥斎には地獄を描いた巻物がいくつかあります。これは面白いです。熊本県立美術館と大阪歴史博物館にある「地獄図巻」と、関西大学図書館にある「別世界巻[2]」は同じような図柄です。少しずつ違っているんですけどね。いろんな地獄がありますけど、陰惨な絵ではありません。滑稽な地獄ばかりです。

たとえば、「別世界巻」の「歌舞伎役者の地獄」では、役者が大根と一緒に煮られています。もちろん、大根役者のしゃれですな。たばこ好きの人間はキセルにされて鬼に吸われています。「金持ち頭の地獄」は長い髷《まげ》が針のように刺さった絵が載せてあります。これは明らかに「がこう髷」です。[3]大変な目にあっている亡者もあまりつらそうな顔はしてません。絵も上手ですしね。それに、この人のふざけには、温かみがある。

耳鳥斎は小学生の頃から知ってまんねん。絵本の『古鳥図賀比《ことりづかい》』は小さい時から見てます。大阪の先賢のことは深く知りたいという気持ちがありましてね。やっぱり大阪の先輩で、こんな人がいてはって嬉《うれ》しいことですわ。今の人にも、耳鳥斎のことをもっと知ってもらえるとええんですけどな。

1　筆者のまとめによると、耳鳥斎の絵が掲載されている版本は、『絵本水や空』（一七八〇年）など計十二点。挿絵の総数百三十六図が確認できる。一図のみ未見。

2　「地獄図巻」はいずれも寛政五年（一七九三）の年記がある。「別世界巻」には年記が記されていないが、ほぼ同時期とみられる。

3　このほか、「ところてんやの地獄」「たいこもちの地獄」「仲居の地獄」などもある。

四条派

大阪商業大学（大阪府東大阪市）で開かれている、四条派の絵師、西山芳園《ほうえん》[1]、完瑛《かんえい》[2]親子の展観[3]に行ってきました。展観の話をします。

戦前、大阪の船場、島之内の商家には必ず床の間がございまして、掛け軸をかけます。季節や行事ごとに替えますから、大きな商家では、蔵に何百本も掛け軸があったんです。そこで好かれたのが、四条派の絵です。風景画とか人物画が中心でね、色彩といい、構図といい、なんともいいえん絵ですわ。芳園、完瑛は、幕末から明治にかけての四条派の中心人物です。

会場の中、どれを見てもええ絵ばっかりでっせ。芳園の絵は蔵屋敷の勤番の侍がみな、お土産で買うて帰ったんやそうです。絵葉書風の大阪の名所絵を描いてます。住吉の反橋、戎橋、愛染堂、浮瀬《うかむせ》、天王寺の西門。注文が多かったんやね。だいたい場所と構図が決まってますねん。四ツ橋やったら雨が降ってるとかね。安治川口では大きな船と渡しの船とが描かれます。

完瑛の「涼船図」もよろしいな。これは夏の夕涼みに船を出しているところですわ。これは北浜の角ですわ。東横堀から出てきたところ。奥に見えるのは天神橋でっしゃろ。

昭和十七年（一九四二）に大阪天王寺の市立美術館で芳園、完瑛展をやりました。立派な図録が出ました。戦争中やったけどね。その図録が欲しくてね、でも私の長い古本の歴史の中でも、出てきたことがない。それが今回、展示されてますんや。よう、手に入れはったな。この図録には出品者として、大阪の代表的なお金持ちの名前が並んでます。住友家、鴻池家、山口吉郎兵衛、野村徳七、清海復三郎、小林一三らです。

四条派というのは、戦後ずっとうち捨てられてきました。戦災で残った絵も、ほとんどが死蔵されています。時々、外国人が安いのを買うくらいで、ほとんど売れへんらしい。浮世絵といっしょですわ。ヨーロッパにどんどんええ絵が流れてしもてね。

もっと大きなところで展観してもらえるとうれしいんですけどな。ただ、最近は若冲《じゃくちゅう》[4]とか蕭白《しょうはく》[5]とか、刺激的な絵ばっかり、お客さんが好みますからな。なかなか難しいかもしれません。

1　四条派の絵師、一八〇四～六七年。
2　西山芳園の子、一八三四～九七年。
3　「なにわ風情を満喫しませう　大坂四条派の系譜」。二〇一七年十月二十四日～十一月二十五日、大阪商業大学商業史博物館で。
4　伊藤若冲。京都の絵師、一七一六～一八〇〇年。
5　曽我蕭白。京都の絵師、一七三〇～八一年。

生玉人形

大阪の郷土玩具としての収集家に人気のあったのが、「生玉《いくたま》人形」です。大阪・天王寺区の生國魂《いくくにたま》神社[1]の近くで作られてた、小さな操り人形で、ごく簡素ですけど、大変できのええ人形です。

大阪の郷土玩具として人気が高かった生玉人形

郷土玩具のコレクションというのは、明治時代から始まって、昭和の初め頃に熱が最高潮に達します。画家で、郷土玩具収集の第一人者であった武井武雄[2]さんの『日本郷土玩具』（金星堂、一九三四年）という大著があります。郷土玩具のコレクターの収集の最大の参考書で、収集家はこれを頼りに全国の郷土玩具を集めました。もちろん、そこにも記載されています。

それよりもっと早く、明治時代に清水晴風[3]の『うなゐの友』という本も出ています。これも名著です。日本最初の郷土玩具の本やと言ってええと思います。「うなゐ」というのは幼児のことで、幼児の友ということですね。これは木版で色刷りの郷土玩具の図録です。そこにね、やはり生玉人形が採用されてますねん。その当時から、大阪を代表する郷土玩具の名品ということやったんです。

生玉人形は二十センチくらい。中心に少し太めの竹串が一本通っていて、両手にも竹ひごがついてます。操り人形の体裁です。三番叟《さんばそう》、大名、武士、爺《じじ》、婆《ばば》、町人、娘の七種類があります。頭は土をひねって、胡粉《ごふん》が塗ってあり、目、鼻、口を描いてます。古風な布と紙で作った衣装を着せています。いたって簡素なつくりであるけれども、雅味と面白みをあわせ持っていた人形でした。

とても人気があった人形なんですけど、昭和十年（一九三五）頃には人形製作の跡を継ぐ人がいなくなってしまい、惜しいことに名玩具も姿を消してしまったんです。

郷土玩具のコレクターが多おましてね、そのコレクションはいくつか残ってます。各地の博物館とか資料館とかで、郷土玩具のコレクションがあって、その中で生玉人形は必ず入っているといってええと思います。全国の郷土玩具のコレクターがどうしても持ちたいと思っていた人形です。そやから、今でもいろんな場所で生玉人形を見ることはできるんです。

1　生玉神社とも。「いくたま」と呼び習わすが、筆者は「いくだま」と発音する。社伝では神武天皇東征の際に、現在の大阪城付近に生島神《いくしまのかみ》、足島神《たるしまのかみ》を祭ったのが創建という。豊臣秀吉による大阪城築城で現在地に移った。
2　童画家、童話作家、一八九四～一九八三年。郷土玩具の収集でも知られる。
3　明治時代の郷土玩具研究家、一八五一～一九一三年。「おもちゃ博士」とも呼ばれた。

大阪観光協会が出していた『観光の大阪』ゆう機関誌がありました。パンフレットみたいに薄いんですけど、郷土史家の人がええ連載をされて、とっても好きでした。私も一年間、「干《え》支《と》の大阪郷土史」を十二回書かせてもらったことがありました。

その昭和五十一年（一九七六）六月号に、岸茂丸さんという方が「大阪の玩具―生玉人形」と題する文章を載せてはります。岸さんは大阪の郷土玩具の大コレクターで、当時、有名なお方でした。戦前から大阪には郷土玩具のコレクターがたくさんいてはりまして、昭和十五年には郷土雑誌『上方』で郷土玩具号が二冊出るほど[1]。戦後、そのコレクションが焼けたり、散逸したりして、顔ぶれも変わったと思います。岸さんはどちらかといえば、戦後派。私らが岸さんの名前を知るようになったのは戦後のことです。その岸さんの文章は、生玉人形の起源と、廃絶したのちの消息について書かれています。この文章が重要なんでございます。

岸さんは、「（生玉人形の起こりについて）現在では資料が全く残っていないから、どのようなものであったのかはわからないが」としたうえで、こう書いてはります。「伝説では旅の役者が手内職に作り始めたと伝えられて、千日前法善寺[2]境内の駄菓子屋で操り人形の玩具が売られていた」そのうえで、「明治三十七（一九〇四）、三十八年頃、生國魂《いくたま》神社の前に住む前田直吉（文久三年〈一八六三〉生まれ）という人が、その駄菓子屋の主人に勧められて、そこで売られていた操り人形の玩具を原型として、住んでいるところにちなんで〈生玉人形〉と名付けて作り出したのが、大阪の代表的な名玩とされる生玉人形の起こりである」とあります。

つまり、岸さんが聞き伝えていた伝説によると、生玉人形の起こりは明治の終わり頃で、前田直吉という人が、始めたということになります。この話は、別の郷土玩具愛好家が前田さんの娘さんを探し当てて、聞いたものやとも書いてはります。

1　一九四〇年六月号と七月号。川崎巨泉など玩具コレクターが多数寄稿している。二号にわたった理由について、発行人の南木芳太郎は「寄稿が意外に多く、限定の頁（ページ）に収まらないので」と記している。

2　大阪市中央区難波一にある浄土宗の寺院。山号は天龍山。一六三七年に建立。大阪ミナミの繁華街にあり、小説「夫婦善哉」、歌の「月の法善寺横町」などで知られる。

そのあと、岸さんは「昭和十年（一九三五）に直吉氏が死亡。妻と娘さんがあとを継いだが、十五年頃にはやっと命脈を保っている程度だった」と書いてはります。

実を言いますとね、昭和十四年か十五年に、私は小学生やったんですけど、この生玉人形を買いにいったんです。私、小さい時から郷土玩具好きでした。両親からなんぼか買うてもろて、ぼちぼちため込んでました。親類の人が旅に出たら、あれ買うてきてとか頼んだりもしたんです。子どものことですからわずかですけど、郷土玩具を集めてました。

それでどうしても生玉人形が欲しくなってね。父親に連れられて行きました。

武井武雄の『日本郷土玩具』に、生玉町三四一、前田直吉と、製作者の住所と名前が載ってます。私の家から生玉さんは、ほん近所で[1]、友達どおしでもなんべんでも遊びにいってる、親しい神社でした。そやけどね、人形を買うということで、この時は父親と前田さん方を訪ねたんです。生玉さんの近所に長屋がずっと並んでまして、その一軒に前田さんの家がおました。四十歳前後の女性が応対してくれはりました。「数年前から人形の製作をやめてます。手持ちのものもいっさいありません」というごあいさつでした。多分、直吉さんの娘さんやったんでしょうな。それで私ら親子はむなしく引き揚げました。

好きで色々と郷土玩具を集めたんですけど、一番近所の生玉人形は手に入らんかったんです。時期がちょっと遅かった。それから数年、戦災[2]で生玉さんのあたりは、すっかり焦土になりました。前田さんとこも全焼しました。

1　当時の筆者の家は南区鍛冶屋町（現在の中央区島之内二）にあった。生國魂神社は南東に約八百メートル。

2　一九四五年三月の大阪大空襲。

筆者が叔父の遺品から受け継いだ生玉人形

それから三十年ぐらい後のことです。叔父の昌三[1]が昭和四十四年（一九六九）に亡くなりました。本好きな人で、遺品整理をいとこに頼まれたんです。遺品を調べていると、生玉人形が出てきました。叔父は何でも好きで集めてたんですけど、郷土玩具に興味があるとは知らなかった。土鈴が好きで、神社とかに行ってコレクションしてたんは知ってたんですけど。やっぱり、大阪の名玩ということで、欲しかったでしょう。それで買うてたんやと思います。

私はね、戦前は郷土玩具が大好きで集めていたんですけど、戦後はまったく手を出してません。金銭的に余裕もなかったし、本買うので精いっぱいでした。気にはなるんですけど。コレクションから離れていました。

面白いもんです。欲しくてたまらなかった時分には、手に入れることができなかったのに、コレクションをやめてだいぶんたってから、思いがけず、手に入れることができました。

七体全部あります。烏帽子《えぼし》をかぶっているのが三番叟《さんばそう》です。大名がおります。武士、娘、町人、婆《ばば》、爺《じじ》ね。ただ傷みがひどくてね。こないして手足がはずれてますねん。もちろんつければ、直りますねんけどね。それでな、この大名姿の人形を見ているうちに、ぱっとひらめいたんだ。「この人形のモデルは米沢彦八[2]やないかな」

今はね生國魂神社で毎年、「彦八まつり」をやっていることもあって、彦八が「大阪落語の開祖」ということは広く知られるようになってます。けど、その頃は誰も知りません。彦八が生玉に縁故の人やということは、ほとんどの人が知りませんでしたんや。たまたま私はこの頃、「大阪落語」の研究をしていたんです。[3]それで、大名姿の生玉人形は、彦八を描いた絵とそっくりやということに気づきましたんです。彦八は元禄時代、生玉で大人気でしたから、その姿を人形に写したものではなかろうか。そういう推論が必ずしも無謀やないと、私は思ったんです。

1　肥田昌三、一九〇三～六九年。大阪大空襲前に、実家の大阪市を離れていたので、遺品が残った。

2　初代。江戸時代中期の上方の落語家。生年は不明、一七一四年に旅先の名古屋で死去したと伝わる。元禄頃、生玉神社（現在の生國魂神社）境内で声色や風俗の模写で人気を博した。大阪落語の祖とされる。

3　筆者はこの頃、平凡社の『日本の古典芸能』の第九巻「寄席」編（一九七一年刊）で、「大阪落語」の項目の執筆を委嘱されていた。

彦八は「大阪落語の開祖」と言われてます。元禄時代（一六八八～一七〇四年）、生玉さんは大阪庶民の娯楽の場でした。有名なところでは、近松門左衛門の「曽根崎心中」の舞台になっています。[1]『御入部伽羅女《ごにゅうぶきゃらおんな》』という浮世草紙が宝永七年（一七一〇）に出版され、その挿絵に、生玉さんの表門筋の情景を写したもんがございます。ここに彦八が描かれてます。画面右端に鳥居があって、参道に向かって右側が蓮池で、左側には葦簀《よしず》ばりの小屋が並び、いろんな芸能を演じてます。一番右側の小屋は「歌祭文《うたざいもん》」とある。浪花節の元祖です。その左が彦八です。「当世しかた物まね」の看板が出て、片肌脱ぎになった彦八の熱演姿が描かれてます。人気もんやったんです。その次が軽口咄《かるくちはなし》の生玉万才。大阪漫才の一番古い形です。最後が講釈。書見台を前にした講釈師が描かれてます。つまり、大阪の芸能の浪花節、落語、漫才、講談の一番古い形がここに描かれてますねん。

『鳥羽絵三国志』で描かれた
米沢彦八の絵

彦八の「しかた物まね」というのは、歌舞伎の役者のせりふ、しぐさや、市井の風俗の物まねで、みんなをおかしがらせるんです。大黒ずきん、烏帽子《えぼし》、この小道具を使うていろんな扮装をしていたようです。特に烏帽子姿の大名の物まねが人気やったようです。『鳥羽絵三国志』[2]の彦八の絵に、「生玉よねざは彦八、かほ見せ〳〵、ひょうばんの大名〳〵」とあります。どうです。この大名のまねをしている彦八の姿、生玉人形にそっくりやと思いまへんか。

1　生玉の蓮池のほとりで主人公の遊女・お初としょうゆ屋の手代、徳兵衛が出逢う。お初の客は「物まね」を聞きにいっているという設定。

2　享保五年（一七二〇）刊。

人気男を人形にしてみやげとして売り出したんが最初で、他の爺とか婆とかの人形はあとからついてきた、とそう推論したんです。そうなると、「生玉人形は明治三十七（一九〇四）、三十八年頃、生國魂神社の前に住む前田直吉が作り始めた」という通説とまったく違ってきます。大正から昭和のコレクターの人たちは、古い時代から生玉人形があったとは誰も思ってなかったんでしょう。人形だけが残って、もっともらしい解釈がついた。そんな風に考えました。

ただね、「生玉人形は彦八を写したもの」というのは、あくまでも私の推論でした。何の証拠もありません。ところがその後、文化十年（一八一三）に出た『五畿内産物図会』[1]という本の「摂津の部」を見ていると、「生玉人形」の名前とともに、人形の絵が出てたんです。烏帽子をかぶり赤い服を着てます。体の中心に竹くしが通り、両手には竹ひごがついてます。生玉人形そのものです。これで、生玉人形の製作年代が文化十年以前に遡り、土産物として知られていたということがはっきりしました。

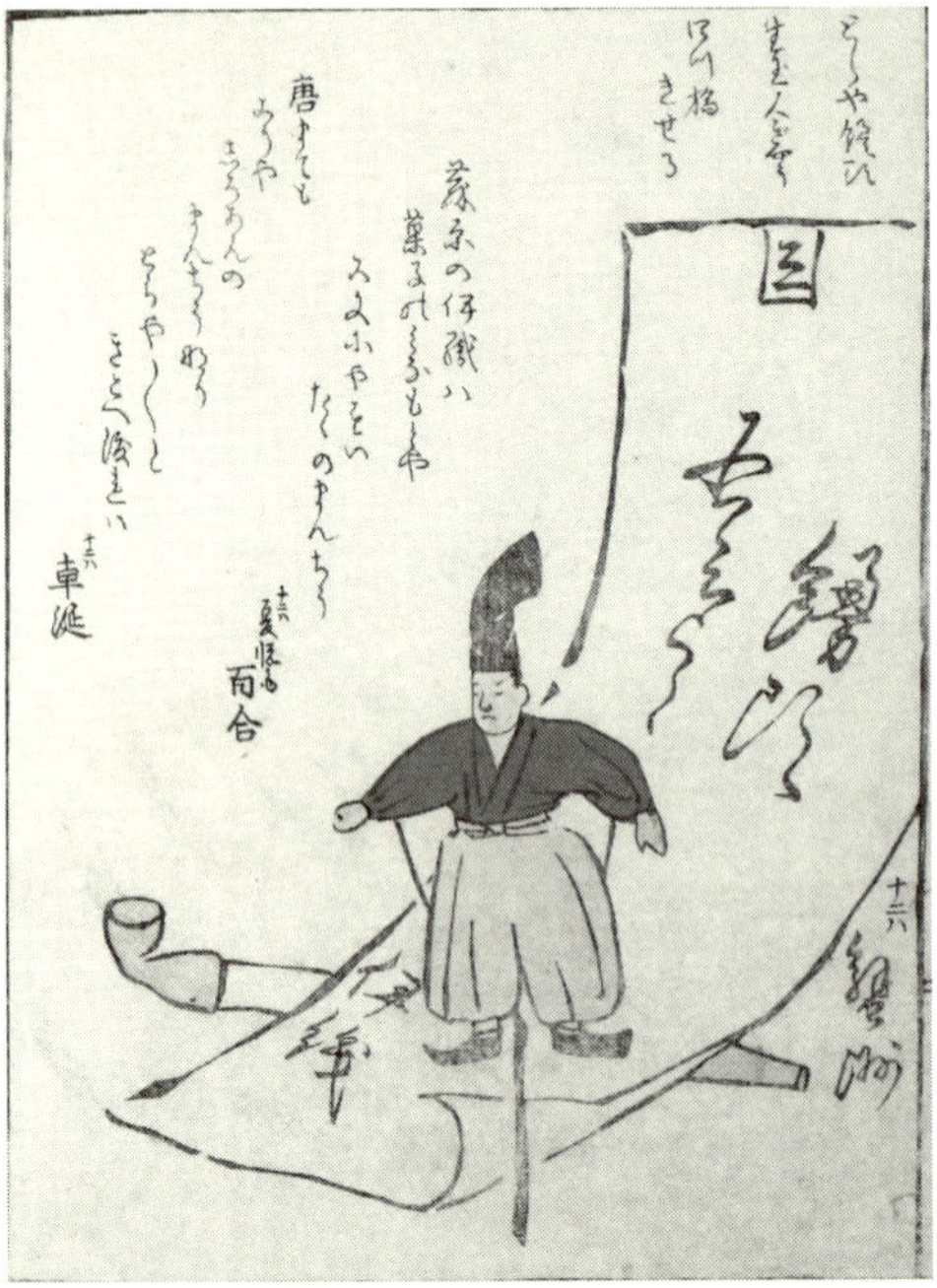

『五畿内産物図会』（文化 10 年刊）に描かれた「生玉人形」の絵

さらに新しい発見がありました。安永六年（一七七七）刊の『富貴地座位《ふきじざい》』[2]という本があり、その「浪花名物」の項目に、「馬場先細工の遣ひ人形」というのがありました。説明には「今の子供の心までを、よくかんがへてぬけめなき」とあります。馬場先というのは生玉さんの東側のあたりです。当時は生玉人形とは呼ばれていなかったのかもしれませんが、彦八が活躍した元禄時代（一六八八〜一七〇四年）から七十〜八十年後には、「遣ひ人形」が名物だったのがわかります。

この二つが出て、生玉人形の製作年代を遡ることが、文献の上で確実になりました。明治にできたもんでは決してない。彦八を写したという推論も無理がなくなる。できれば享保（一七一六〜一七三六年）くらいの物証があれば完璧でしょうけど、これは難しいでしょうね。

1　摂津、河内、和泉、大和、山城の産物を絵と歌で記したもの。農産物、菓子、玩具など、当時人気の物品がわかる。

2　江戸、京、大阪の三都の名物を記した評判記。

少し、米沢彦八について話します。彦八の噺《はなし》を集めた「軽口御前男《かるくちごぜんおとこ》」は、岩波の日本古典文学大系の『江戸笑話集』に入っています。これがおもしろい。言い出しのところで、客の心をぱっと摑《つか》んで、そのまま、落ちへ持って行く。だいたい全編がそれです。若い時に読んでるけど、最近、読みなおして感心しました。彦八が上手な噺家やというのを再確認しました。実にうまい語り口です。

彦八にはもう一つ、『軽口大矢数《おおやかず》』という本もあります。これは、雑誌『上方』の南木芳太郎さんが持ってはって、「稀書《きしょ》複製会」[1]が、原本そっくりに複製を作っています。南木さんは昭和四年（一九二九）に出た『大阪人』という雑誌に、「大阪落語と米沢彦八」という題で、彦八のことを大阪落語の祖として書いておられます。

近代の大阪落語の名人、五代目の笑福亭松鶴[2]が、この南木さんの文章を読んでいた。それで、生國魂神社に彦八の顕彰碑を建てたい、自分の仕事の先祖として、それを表彰したいと思うようになられた。それを終生の念願にしておられたんですけど、戦争中はそういう行事ははばかられ、戦後は世の中が落ち着かんうちに、昭和二十五年に亡くなられた。

その息子の六代目松鶴[3]もお父さんのそういう気持ちを知ってはった。けれども、時期が熟さんかったんか、よう果たさんまま、亡くなりはった。六代目が亡くなったあと、平成二年の九月になって、六代目の弟子たち、仁鶴[4]さんを代表とした門弟たちが、師匠、大師匠の思いを果たそうと、生國魂神社に彦八の顕彰碑を建てたんだ。

上方落語界のためにも、大阪の文化顕彰のためにも、有意義なええことでした。それで、その翌年から大阪の落語家が勢ぞろいして、「彦八まつり」[5]が始まった。年々盛大になってきたようで、ほんまにうれしい結構なことです。

1　一九一八年設立。愛書家たちの集まりで江戸時代の貴重な本を木版刷り、和紙で原本そっくりに複製した。

2　一八八四～一九五〇年。漫才が全盛だった昭和初期、『上方はなし』を創刊するなど、上方落語の資料を後世に伝えるとともに、若手の育成に尽力した。

3　一九一八～八六年。父は五代目松鶴。上方落語四天王の一人として、戦後、上方落語復興に尽力した。

4　一九三七年生まれ。ラジオに出演するなど、タレントとして大人気を呼び、戦後の落語ブームを牽《けん》引《いん》した。

5　上方落語協会が九月の第一土曜日と日曜日に、生國魂神社で開く感謝イベント。

「生玉人形」については、イラストレーターの成瀬國晴《くにはる》[1]さんが、生玉人形を復活しようかとお考えになり、私がお貸しした人形をモデルにして、復元人形をお作りになったことがあります。私も二体一組の人形をいただきました。大変素晴らしいできばえでした。その後、成瀬さんはお作りになった人形を生國魂神社に奉納されたと聞いてます。

ただなかなか、生玉人形を本格的に復活するというところまではいかなかったようです。一昨年（二〇一六年）、大阪ガスのエネルギー・文化研究所の特任研究員の弘本由香里さんが『上町台地今昔タイムズ』[2]で、十何年か前に富田林市在住の佐々木義昂《よしたか》さんが再現した生玉人形と、人形の歴史を取り上げて下さった。この『今昔タイムズ』を「大阪くらしの今昔館」[3]の谷直樹館長がごらんになって、うちで復元したいなと言いはったそうです。今昔館にはボランティアの方、ようけいらっしゃいます。複製しようという機運が高まり、昨年ぐらいから、実際に生玉人形をお作りになってます。

今昔館の中にある江戸時代の町並みの「人形の店」にも、生玉人形は並んでいます。そこへ行っていただければ、実物を見ていただける。今は粘土があるんで、きれいにできます。中の構造がどうなっているのかな。いつか、おみやげとして市販されるとうれしいですな。値段にもかかってきますけど、どないなさるか[4]。弘本さんが火を付けて、谷さんがすぐに反応してくださった。こうやって、生玉人形が復活してくれるといいですね。ただやっぱり一つ作るのに手間がかかりますわ。

生玉人形だけやなしにね、大阪には市内各地に郷土玩具があったんです。住吉さんの御神馬《しんめ》、睦犬《むつみいぬ》、千疋猿《せんびきざる》、四天王寺さんの和唐内の虎、眠り猫、天満天神の天神花、天神旗、十日戎の俵の蔵入り。どれもこれも全部、名品です。子どもたちにとってあんな楽しいおもちゃはありませんでした。そやけど、今はほとんど残っていません。大阪が持っていた、生活と土地に密着した手厚い文化がなくなってしまったんです。ほんまに寂しいことです。

1　成瀬さんは「生玉人形の複製を作ったのは一九九五年。紙粘土で顔や手足を作り、顔は私が手描きしました。二体ずつ四組作り、肥田さん、生國魂神社、大阪歴史博物館にそれぞれ一組ずつ贈りました」と話している。

2　大阪ガスエネルギー・文化研究所が発行。大阪の上町台地を中心に様々な大阪の軌跡をたどる。「生玉人形」は二〇一六年秋・冬号で特集している。

3　二〇〇一年四月に開館。「住まいの歴史と文化」をテーマにした日本初の専門ミュージアム。天保時代の大阪の町並みを実物大に再現したフロアもあり、人形屋や薬屋などの商家や裏長屋が並ぶ。

4　谷館長によると、二〇一七年十一月のイベントで一体八百円で販売した。今のところ、売店で販売する計画はないが、今後もイベントなどで、展示場の町家での販売を考えているという。

生田南水

大阪歴史博物館（大阪市中央区）で展観が開かれてる生田南水[1]のお話をさせていただきます。南水という人はね、女流の絵描きの生田花朝[2]のお父さんで知られてます。今回は俳画が集められてますが、それだけではなくて、大阪のいわゆる歴史、文化研究の先駆者でんねん。明治以降で、この分野を非常に熱心に考えられた最初の人やと思います。

展観に行ってまいりました。「俳画十二月自画賛」はね、十二幅一組で、各月の行事とともに自作の句を記してます。三月は桜の枝をさす大原女、九月は重陽の節句に飲む菊酒とかね。十二月はヒョウタン作りの絵が描いてます。「冬籠《ふゆごも》り吉野龍田の噂《うわさ》して」という句が添えられてます。絵はどれも穏やかで、かわいらしい感じがします。句もしゃれてますな。

これも面白い。「諸人足図葉書」というんですか、貧乏公卿、小役人、角力《すもう》取《とり》といったいろんな職業や身分の人の足だけ描いてあって、それに南水が句をつけているんです。海水浴を楽しむ女性は「青《あお》東風《こち》や海水浴の娘《じょう》子《し》軍《ぐん》」とか、禅宗のお坊さんの「昼の蚊や山の禅師の大あぐら」とか。着想が奇抜です。

粋《すい》なところもある人です。大阪・南地の五花街[3]の「芦《あし》辺《べ》踊《おどり》」とか、新町の「浪花踊」の踊りの作詞を長い間されてはりました。たまたまその資料を持ってましたんで、今回出させていただいてます。[4]

私はね、少年時代に南水が書いた『四天王寺と大阪』という本を読んで、何とはなしにお慕いする気持ちを持ってました。ところが、この人は大阪の文化史、郷土史を大きな著述ができるぐらいの知識は持っておられたけど、著書はこの一冊しかありません。

そういうこともあってか、没後は仕事が報われないようになったんです。それをずっと気の毒やなあと思ってきました。

そやから、今回歴史博物館で取り上げてくださったことは本当にありがたいと思います。見る値打ちのある展観やと思います。願わくば、いつか、もっと盛大に、総合的な南水の顕彰が行われればええのですけどな。

1　一八六〇〜一九三四年。大阪歴史博物館の特集展示「ほのぼの俳画、生田南水」は二〇一八年一月十日から二月二十六日まで同館八階で開かれた。

2　明治から昭和時代にかけて活躍した日本画家、一八八九〜一九七八年。

3　宗右衛門町、九郎右衛門町、櫓町、阪町、難波新地。

4　このほか、筆者所有の展示としては、『四天王寺と大阪』の初版本、南水から俳人・野田別天楼あての書簡などもある。

上町台地

（筆者は二〇一八年三月四日、大阪市内で開かれた「第九回上町台地・今昔フォーラム」[1]で、「上町台地発、本をめぐる時空の旅へ」の題で講演しました。その内容を採録します。）

大阪の上町台地というところは、大阪で最も古い場所で、その豊かな文化は、話が尽きんと思います。今日は、明治文学の代表的な作家である、幸田露伴[2]と尾崎紅葉[3]が期せずして、青年時代に大阪・上本町にある井原西鶴[4]の墓にお参りしたという挿話を中心に、上町台地の話をさせていただきます。

明治二十二年（一八八九）のことです。露伴も紅葉も処女作を書いたばかり。露伴は「露《つゆ》団々《だんだん》」、紅葉は「二人比丘尼色懺悔《ににんびくにいろざんげ》」。華々しく、明治の文学の旗手としてデビューし、明治文学の出発点として驚嘆をもって迎えられました。明治の新時代にどうした文体を選ぶべきか。そこで二人が日本の伝統文学の中から探り当てたのが、西鶴の作品だったんです。どちらも淡島寒月という、ちょっと風変わりな方から紹介されたそうです。二人とも西鶴の重要性を認めて、模倣やないけれども影響を受けて、今までの文学になかった、明治の新しい文体を作った

「上町台地・今昔フォーラム」で講演する筆者

んです。

露伴は二十二年、東京を離れて中山道を通って大阪に来ました。一月に上本町の誓願寺[5]に参りました。ところがね、西鶴のお墓は、寺の住職もどこにあるのかわからない。ようやく探し当てて、香を焚《た》き、水を手向け、卒塔婆《そとば》を立てかけて去るわけです。その卒塔婆に「元禄の奇才子を弔ふて九天の霞を洩《も》れてつるの声」と書きます。その年の八月、紅葉も大阪を訪れました。大阪の出版社に招かれたんです。紅葉も誓願寺を参って、卒塔婆を立てます。そこには、「為松寿軒井原西鶴先生追善」としてあります。そんな風にして、のちに大作家となる露伴と紅葉が期せずして西鶴のお墓を参っているんです。大阪の人間としてはうれしいことやないですか。上町台地には、寺を集結させておりますから、無数の先賢が眠っておられるんです。

1　大阪市天王寺区の大阪ガス実験集合住宅NEXT21で開催。筆者の講演のほか、橋爪節也・大阪大学総合学術博物館教授らによるトークセッションもあった。

2　小説家、一八六七～一九四七年。代表作に「五重塔」など。

3　小説家、一八六八～一九〇三年。「金色夜叉」など。

4　俳人、浮世草子作者、一六四二〜九三年。「好色一代男」「世間胸算用」など。

5　大阪市中央区上本町西四にある浄土宗寺院。西鶴の墓の他に、代々懐徳堂の学主を務めた中井一族の墓所もある。

のちに頼山陽[1]や田能村竹田[2]の研究で知られた木崎好尚という大阪の新聞記者がいました。同じ明治二十二年（一八八九）に誓願寺を訪ねると、西鶴の墓に新しい卒塔婆《そとば》が立てかけてある。一つは露伴、一つは紅葉。びっくりするんです、東京の輝かしい新人作家二人がここに来ていると。そのことを東京の新聞に「西鶴の墓」という題で書くんです。

この墓参のことを、露伴は同年十一月、「井原西鶴を弔う文」という題で雑誌に発表します。露伴一流の華麗な文章です。紅葉のほうは翌年の五月、『国民新聞』に「元禄狂」という題で書きます。「でゞむしの石に縋《すが》りて涙かな」という俳句も残してます。なんでこの二人が西鶴の墓のことを知ってたかといいますと、明治十八年に曲亭馬琴[3]の『羇旅漫録《きりょまんろく》』が出版されているんです。一八〇二年に馬琴が京、大阪を旅行した時の詳しいルポルタージュです。ここに馬琴が西鶴の墓を訪れたことが書いてあります。墓の絵も写生してます。露伴も紅葉もその本をちゃんと知っていて、大阪に行ったら西鶴の墓をお参りしようと思ってたんやと思います。

馬琴が西鶴の墓に参った一年前、大田南畝《なんぽ》（蜀山人[4]）が西鶴の墓を参っています。蜀山人は享和元年（一八〇一）に大阪の銅座の役人として単身赴任して、滞在中に、名所、旧跡、色々な行事を見て回り、「葦の若葉」という日記に書きます。ここで西鶴の墓に参ったことを書いています。大阪の本屋さんから誓願寺に西鶴の墓があると聞き、探したということです。西鶴が亡くなって百年くらいたっている当時、ほとんどの人が所在も知らなかったけど、本屋仲間では言い伝えていたんです。馬琴は蜀山人の紹介状をもらって大阪に来ました。『羇旅漫録』に名前が出ている文筆家の田宮盧橘《ろきつ》が、馬琴に西鶴の墓のことを教えたんでしょう。馬琴も蜀山人も江戸を代表する文人です。この人たちが西鶴の墓を参った。明治時代、その関係で、露伴と紅葉も訪れる。西鶴の墓を縁にして、面白い続き柄がこの人たちにはあったんですな。

1　江戸後期の儒学者、一七八〇～一八三二年。代表作に『日本外史』など。
2　江戸後期の文人画家、一七七七～一八三五年。
3　江戸後期の戯作者、一七六七～一八四八年。姓は滝沢。「南総里見八犬伝」「椿説弓張月《ちんせつゆみはりづき》」など。
4　江戸後期の文人、狂歌師、一七四九～一八二三年。下級武士の嫡男として生まれたが、才覚を認められ幕臣としても出世した。

明治時代、手紙雑誌という変わった雑誌がありました。いま活躍している方や故人の手紙を提供してもらい、写真に写して、下に本文を入れます。

第二号に与謝野鉄幹[1]のはがきが出てます。明治三十二年（一八九九）十一月十二日に、東京の友達に書いたものです。広島・宮島行きの話のあとで、大阪で遊んだ様子を書いてます。「関西文学会の酔茗《すいめい》ほか諸氏とちぬの浦住之江等に遊びて（中略）高津祠外《しがい》に菊を見て〈きぬ傘のあかきむらさき品はあれど妹《いも》にきせんは白菊の花〉」。河井酔茗[2]は堺の人で、与謝野晶子[3]の大親友です。鉄幹はそういう人たちと遊び、大阪の高津宮の近くの「翫菊庵《がんぎくあん》」で菊見を楽しむんです。ここは明治時代の菊の名所で、秋には赤い毛氈《もうせん》を敷いた床机が並び、鉢植えの菊が飾ってありました。歌の意味は、「貴人に差しかける絹傘のように赤や紫に美しく咲いた菊はあるけれども、りんとした白菊こそ、いとしい人（妹）にかざしたい」。

そしたら、その妹はだれか、となります。

甲南女子大元教授の菊池真一先生が昔の大阪毎日新聞を調べると、明治から大正にかけて、歌集には入っていない晶子の歌がよく載っている。菊池先生が発表なさったのを拝見していたら、明治四十四年十月一日にこういう歌がございました。「久しくも京大阪に帰らぬをしら菊さけば歎《なげ》かるゝかな」はっとしました。この歌と鉄幹の歌が照合している。鉄幹が「妹」と詠んだのは晶子です。晶子は鉄幹と駆け落ち同然で家を出て、それ以来、故郷の堺に帰ってない。京大阪には帰らんけど、菊が咲く季節になったら望郷の思いで胸が裂けるようだ、というのです。この歌にびっくりしました。晶子と鉄幹のなんともいえん思い。これが上町台地に関係しているんです。

あとひとつ。鎌倉時代に西行法師（一一一八〜九〇年）が上町台地を通っておられます。そのときに「津の国の難波の春は夢なれや葦の枯葉に風わたるなり」という歌を残された。大阪湾に向かって広がる広大な葦原、これが大阪の原風景ですが、いまはその葦が枯れて、寒々とした景色になっている。しかしそこに早春の明るい日がさして、きらきらと海面が光るわけです。かつて見た美しい光景が夢のように思い起こされる。この名吟の残されたのは、大阪の我々には、なんともうれしいことでございませんか。

1 歌人、一八七三～一九三五年。雑誌『明星』を創刊。浪漫主義運動の中心として活躍した。
2 詩人、一八七四～一九六五年。
3 歌人、詩人、一八七八～一九四二年。鉄幹の妻。「みだれ髪」など。

歌舞伎

私がいま一番楽しみにしているのは、歌舞伎芝居を見ることです。小さい時から見てましたんで、その歌舞伎の話をさせてもらうのはうれしいし、ほんとに機嫌よう話させていただくんですけど、あの芝居を見たとか、あの名優を見たとか、他人のそんな話は、聞く方はちっとも面白ないと思います。歌舞伎に縁のないお方には申し訳ないですが、歌舞伎を好きな方に聞いていただけたら。

昭和十二年（一九三七）の五月に、大阪歌舞伎座[1]で、三代目中村歌右衛門[2]の百年忌の記念興行がございました。私が小学生一年の時です。これが初めて見た歌舞伎芝居でした。学校から帰って来ましたら、母親から「歌舞伎座行くか」と言われて、「ほんなら連れてって」ゆうて。そんなやりとりも覚えてます。不思議なことですけどね。

五代目中村歌右衛門[3]、中村吉右衛門[4]、それから大阪の中村梅玉[5]という、三代目の流れをくむ名優、役者がみんなよってね。その時の番付《ばんづけ》（パンフレット）がこれでございます。「三代中村歌右衛門百年追善記念興行」。大阪歌舞伎座。私が買うてもろた番付は戦災で焼けましたけど、その後買ったものです。幕開きは、歌舞伎十八番の「不動」。長く絶えていた歌舞伎十八番を

筆者が初めて見た歌舞伎「三代中村歌右衛門百年追善記念興行」の番付

市川三升、のちの十代目市川団十郎が不動を演じました。歌舞伎十八番の復活を非常に熱心にしておられたんです。

吉右衛門は得意の俊寛[6]です。大阪の魁《かい》車《しゃ》とか、吉右衛門の弟の時蔵とかも出演してました。歌右衛門は春日局です。もうこの時には体動かんようになってまして。鉛毒かなんかと聞いてますけど、早くから足腰が悪くて。昭和になってからはもう立てない。座ったままで芝居ができるということで選ばれた狂言です。そやから「糒蔵《ほしいぐら》」[7]の淀君とか、座ったままで演じる役、これは得意でした。俊寛の吉右衛門が杖《つえ》をついてとぼとぼ歩いていたのと、春日局の歌右衛門が御簾《みす》上がったとき座ったままやったことと、そのぐらいは、かすかに記憶にあるんです。八十年以上前のことですけど。それだけ、印象が強かったんやと思います。

1　かつて大阪・千日前にあった劇場。一九三二年開場。現在はビックカメラなんば店。
2　江戸時代に活躍した歌舞伎役者、一七七八～一八三八年。
3　歌舞伎役者、一八六六～一九四〇年。屋号は成駒屋。
4　初代、一八八六～一九五四年。

5　三代目、一八七五〜一九四八年。
6　近松門左衛門作「平家女護島《へいけにょごのしま》」で、鬼界ケ島に流される僧。
7　大阪城落城を描いた作品で、この時の興行の夜の部で上演された。

それからとても歌舞伎が好きになりましてね。「好きや、好きや」ゆうもんやから、父が『演芸画報』[1]を取ってくれるようになりました。母が歌舞伎に連れて行ってくれるたびに番付を買うてもらい、それを大事に残して『演芸画報』と一緒に、繰り返し、繰り返し見るようになりました。たまたま、うちの家が松竹株式会社の株式をいくぶんか多めに持っていたんです。そうすると毎月、株主招待券が送られてきます。松竹は演劇と映画を興行としてましたから、芝居と映画の入場招待券です。父親が映画が好きでね、とにかく封切が変わるごとに見に行くということをずっとやっていたんです。株を持っていたら、映画の招待券が実に待遇が厚いんです。帳面みたいな映画のチケットがあって、毎回ちぎっていくんです。それで大劇に毎週行く。父と母、子供三人の五人で行っても、特等席に座れます。父は結局それが欲しかったんで株を持っていたわけです。

　父はこの頃には芝居は見んようになっていたので、歌舞伎の招待券は母が使うだけやったんです。母が行く時に、兄と姉、私がついて行きます。けどね、兄も姉もほかで遊ぶことが忙しいて毎回は行かないんです。私は毎回ついて行きました。一番年も下でしたしね。

ずっと後年ですけど、国立劇場の年表編纂《へんさん》室が『近代歌舞伎年表』[2]を作りました。明治以降の歌舞伎を中心とした演劇の興行を年ごとに載せているんです。まず最初に手を付けたのが、大阪編です。完成したんが平成六年（一九九四）でしたかな。明治初年（一八六八）から昭和二十二年（一九四七）までの年表です。その最後の八、九巻を見てたら、昭和十二年から十五年までの大阪でやった歌舞伎の興行ですけど、私全部見てますねん。もちろん昼の部、夜の部ということになると、両方見たこともありますけど、どちらかだけということもあります。けども、どちらかは必ず見てます。「わあ、全部見てるわ」ゆうてね、自分でも、ほんとびっくりでした。

1　一九〇七年創刊の演芸雑誌。東西の劇場の舞台写真と、歌舞伎を中心とした評論が掲載された。第二次世界大戦中の四三年に廃刊した。

2　明治以降の歌舞伎を中心とした演劇の総合的な年表。大阪編は九巻十冊。八木書店刊。

昭和十三年（一九三八）三月に、十二代目片岡仁左衛門[1]の襲名興行がありました。この人は長いこと、片岡我童《がどう》という名前でした。美貌の役者です。お父さんが十代目仁左衛門で、十一代目が亡くなったんで昭和十一年に襲名しました。我童は大阪に縁のある役者やから、非常に盛大なことでした。ところが、番付の表紙のどこにも「仁左衛門襲名披露」とは書いてないんです。珍しいと思います。表紙に襲名を謳《うと》うてないというのは。どういうことやったのかな。

この時、東京から名優が大挙して来ます。十五代目市村羽左衛門、[2]七代目松本幸四郎。[3]中村吉右衛門も来る予定やったんやけど、病気で来れなんだ。そのほかも顔ぶれが立派なこと。市川三升、[4]中村時蔵、[5]中村魁車。[6]大阪ではもう大変なことでした。

最初は歌舞伎十八番の「押戻《おしもどし》」。仁左衛門の襲名披露狂言は「三千両《さんぜんりょう》黄金《こがね》蔵入《のくらいり》」です。仁左衛門が小田三七信孝に扮《ふん》し、御用金三千両を積んだ馬を泉州大和橋で待ち受け、金を奪うんです。花道に捕手《とりて》が並ぶ。これが全部名優なんです。羽左衛門、幸四郎、三升らが次々と襲名のお祝いのせりふを言います。うれしい一幕でした。のちに十三代仁左衛門もこの芝居を演《や》りました。

そのあと、「源平布引滝」の実盛物語。続いて、幸四郎の弁慶、羽左衛門の富樫、仁左衛門の義経という、そらもう、すごい顔ぶれによる「勧進帳」です。当時、この興行は大阪でも特別の興行やったでしょう。歌舞伎座は超満員が続いたんです。松竹の株を持っていた関係で、昼の部は三枚切符が来たんです。けど、夜の部は二枚しか来なかった。ところが、兄も姉もこれは行きたい、それだけ評判の芝居やったんです。もちろん、私も行きたい。そやから切符二枚で四人行きました。私は兄の膝の上、姉はお母はんの膝の上で、この芝居を見たんです。

1　歌舞伎役者、一八八二～一九四六年。土之助、我童を経て、三六年に襲名。戦後まもなく東京の自宅で夫人、息子などと、住み込みの門人に殺害された。

2　明治から昭和にかけて歌舞伎界を代表する名優、一八七四～一九四五年。

3　歌舞伎役者、一八七〇～一九四九年。市川染五郎、市川高麗蔵を経て、一一年に襲名。藤間流の家元としても活躍した。

4　歌舞伎役者、一八八〇～一九五六年。銀行員から市川宗家に婿入り。絶えていた歌舞伎十八番を次々に復活上演した。死後、十代目市川団十郎を追贈された。

5　歌舞伎役者、一八九五～一九五九年。兄は初代中村吉右衛門、弟は十七代目中村勘三郎。

6　戦前の上方歌舞伎を代表する女形、一八七五～一九四五年。

夜の部は「一谷嫩軍記《いちのたにふたばぐんき》」から。仁左衛門の敦盛と、松本幸四郎（七代目）の熊谷です。続く「三人吉三《さんにんきちさ》巴白浪《ともえのしらなみ》」では、和尚吉三が幸四郎、お嬢吉三が市村羽左衛門（十五代目）、お坊吉三が仁左衛門。続いて、「助六」です。助六が羽左衛門、揚巻《あげまき》が仁左衛門。まさにオールスターですわ。客席の熱気はむんむんしていました。子供やったけど、大変なことやと思いました。大看板の羽左衛門でも、捕手《とりて》を演《や》ったかと思うと、実盛やって、富樫やって、お嬢吉三して、助六してやからね。

助六は面白い芝居で、中でも見せ場が股くぐり。江戸の通人が助六に「股くぐれ」と言われてびっくりします。お客さん大喜びです。くぐったあとで通人は花道に来て、ほんまにえらい目に遭《お》うたゆうて、流行《はや》りの歌を歌うんです。この時、通人・里暁《りぎょう》を演ったんが市川箱登羅《はことら》[1]ゆうて、大阪で人気のあった脇役。この時にできたばかりの「愛国行進曲」[2]を歌いました。「見よ東海の空明けて　旭日《きょくじつ》高く輝けば　天地の正気《せいき》潑剌《はつらつ》と　希望は躍る大八洲」てね。こらもう大受けですわ。時局がもうそういう時代です。支那事変[3]が始まっていましたからな。

これまで私、八十年間、歌舞伎芝居を見てきましたけど、これが一番の興行でした。昼夜ともを見ることができた。小学二年生の子供ですけど、助六の面白さ、一谷の熊谷の勇壮な姿はようわかりました。子供でも知っている三人吉三の「月は朧《おぼろ》に」のセリフ、それから七代目幸四郎の勧進帳の弁慶。ほんと素晴らしかった。

羽左衛門は昭和二十年（一九四五）、終戦前に疎開先の湯河原で亡くなります。私と同じくらいの年代で、十五代目を直接見てる人はほとんどいてまへんと思います。幸四郎は昭和二十四年まで生きはりますけど、当たり役の弁慶は戦後はほとんどやってないので、直接見た人は少ないのではないか。ただこれは映画が残っていて松竹がたびたび上映してるから、ご覧になった方もいらっしゃるかな。

1　二代目、一八六七～一九四四年。役者生活を克明に記録した日記を残し、貴重な演劇資料になっている。

2　一九三七年、内閣情報部が「国民が愛唱すべき国民歌」として歌詞を公募し、同十二月に発表された。

3　一九三七年七月、盧溝橋事件を契機に始まった日中戦争の日本側の呼称。

戦前、大阪歌舞伎座に毎年一回、六代目尾上菊五郎[1]が来ました。こういう大きな興行は、歌舞伎座の呼び物やったと思います。幸い、昭和十三（一九三八）、十四、十五年と、この興行を見ることができました。

菊五郎は立役も女形もこなしたんですが、何よりも舞踊の名手で、日本一の踊り手といわれました。大阪に来た時に踊った「娘道成寺《むすめどうじょうじ》」「鏡獅子《かがみじし》」「船弁慶」「藤娘」という代表的な四つの演目すべてを、私、見させてもろてますねん。

比較的大柄の方でね、たとえば藤娘を演《や》る時には、自分を小さく見せようと、舞台を圧するばかりのフジの大木を背景にしました。花が垂れたところから娘が舞い出て来る。この娘をフジの精としたのは、菊五郎の解釈です。工夫して、ここを見せ場にした。

十四年は「菊吉合同興行」でした。菊五郎と一緒に初代中村吉右衛門[2]が来たんです。この二人は大正時代に、東京の市村座で共演して、ものすごい人気が出た。「菊吉時代」と呼ばれました。昭和になって別れてしまったんですけど、この時は二人で来て、大変な評判になりました。

番付の表紙にも「興亜の春にひらく劇壇の盛事！」として、「東京大歌舞伎」と銘打ってます。「高時」は吉右衛門の得意の演《だ》し物で、九代目市川団十郎譲りです。その次の「京鹿子《きょうかのこ》娘道成寺」では、菊五郎が踊りました。この時の観劇料は、三等席二円五十銭、二等席三円五十銭、一等席は八円五十銭しました。その他に「入場税一割申受」と書いてあります。

翌年の十五年には、菊五郎は吉川英治が『読売新聞』に連載中の「太閤記」の新作歌舞伎を演りました。前田青邨[3]の舞台装置。きれいでした。繰り返しになりますけど、私の年代で、菊五郎をこれだけ見てるというのは、まずいない。代表的な舞踊を全部見させてもらっています。芝居を見続けて、もう八十年になります。小さい時に見る機会があったということを喜んでます。これも時の巡り合わせですけど、演劇史に残る名優、名演を見たというのはうれしいですよ、やっぱり。

1　大正・昭和時代に活躍した歌舞伎役者、一八八五～一九四九年。屋号は音羽屋。五代目菊五郎の長男。様々な役柄を演じるオールラウンドプレーヤーで、舞踊の名手としても知られる。

2　大正から昭和にかけて活躍した歌舞伎役者、一八八六～一九五四年。屋号は播磨屋。九代目団十郎の芸風を継ぎ、名優として歌舞伎界に大きな影響を及ぼした。

3　日本画家、一八八五～一九七七年。主として院展を舞台に活躍した。風景、人物、歴史画、花鳥など作品の主題は多岐にわたる。晩年には文化財保護事業にも携わった。

思い出は尽きないのですが、一番好きな役者は誰かと言われたら、文句なしに二代目中村鴈《がん》治郎《じろう》[1]の名前をあげます。昭和十三年（一九三八）九月、大阪の中座で、若手ばかりの「花形歌舞伎」がありました。大阪からは、後の二代目鴈治郎になる扇雀、片岡我當[2]、東京からは、中村福助[3]という名優ぞろい。この時は若かったけど、みんな後に人間国宝になりはります。

この時は兄と二人で見に行きました。「義経千本桜」の「鮨屋《すしや》の段」がかかって、扇雀が「いがみの権太」を演じました。とってもおもしろうてね。特にすし桶《おけ》が入れ替わって、舞台が緊張する場面にはわくわくしました。後にこの時の番付を見ながら、その時の気持ちを思い出したこともあります。

そのあと、十五年やったと思います。[4]「伊賀越道中双六《いがごえどうちゅうすごろく》」の「沼津の段」がでました。この時、雲助平作を演じたのが、二代目実川延若《じつかわえんじゃく》[5]です。この人は当時大阪で一番の役者でした。私が見に行った日は、呉服屋十兵衛役の役者が病気で休演したために、扇雀（二代目鴈治郎）が代役を務めます。この芝居は最初、平作、十兵衛の二人が、色々と話をしながら客席の中を通っていきます。その姿を見て、子供心に「扇雀の十兵衛、ものすごくええなあ」と思いました。この時からかなあ、扇雀が好きになったのは。上方歌舞伎の面白さ、神髄というのはこの人に教えてもらった。この人の舞台が一番好きでした。特に呉服屋十兵衛というのは、この人の持ち役で、亡くなる直前までやりました。若い頃、代役で出ていたのを、たまたま見ることができたというのも何かの縁のような気がします。

この人は子供の時から芝居がとっても上手で、特に私が芝居を見始めた昭和十年代から戦後にかけて、脂乗っていたと思うんです。ところが鴈治郎の芝居は芸評でほとんど褒められなかったんです。父親の初代鴈治郎[6]と比べられたからなんでしょうね。上手なのは当たり前やと、見巧者《みごうしゃ》や評論家は思っていたのかな。そんなんに嫌気さしていたのかもしれません。報われないというか。後に大阪の歌舞伎から去るのもそういうことがあったからかもしれません。

1　初代鴈治郎の次男、一九〇二～八三年。扇雀から四一年に翫雀《かんじゃく》を襲名。四七年に二代目鴈治郎となった。上方歌舞伎の伝統を継ぎ、立役から女形まで幅広く役をこなした。

2　十一代目仁左衛門の長男、一九〇三～九四年。五一年に十三代目片岡仁左衛門を襲名。
3　五代目歌右衛門の次男、一九一七～二〇〇一年。一九五一年に六代目中村歌右衛門を襲名。
4　一九四〇年二月に大阪・中座で演じられた。
5　大正、昭和にかけて関西を代表する歌舞伎役者、一八七七～一九五一年。
6　一八六〇～一九三五年。

戦前の大阪歌舞伎座では歌舞伎のほかにも、「新国劇」「新派」「五郎劇[1]」「松竹家庭劇[2]」が上演されました。小さい頃、ほんまによう見ました。新国劇の「大菩薩峠《だいぼさつとうげ》」、覚えてます。大菩薩峠で巡礼を斬るところから、島原で御簾《みす》を切るところまで。とても印象的でした。五郎劇もよう見ました。十二月は必ず、五郎劇でした。全部曽我廼家《そがのや》五郎が自分で脚本書きます。全部見ているかも知れないけど、ほとんど覚えてない。ただ、「海」という芝居がありました。幕があいたら舞台が大海原で、船が一艘《いっそう》だけ浮いていて、回り舞台で船が回るんです。その場面は記憶に残ってます。

昭和二十年（一九四五）一月、京都の南座で新派が「婦系図《おんなけいず》」の通しをやりました。この時節に惚《ほ》れたはれたの芝居をようやるなあと。私は中学二年生でしたけど、どうしても見たいと思い、母に願って、南座へ行きました。この時分、大阪では芝居見られしません。歌舞伎座も中座も閉めてます。弥生座や弁天座がわずかに芝居していただけです。花柳章太郎[3]のお蔦《つた》、伊志井寛[4]の早瀬主税《ちから》でした。婦系図の大詰めは「めの惣《そう》の場」。髪結いさん夫婦のところに、病気になったお蔦が療養しています。そこへ先輩芸者の小芳《こよし》が見舞いに来て、二人が会話しているところに、別れさせられた先生のお嬢さんが訪ねてきます。実はこの妙子お嬢さんは小芳の子です。それでお蔦が息絶える。長唄の勧進帳がずっと演奏されていて、それに合わせて芝居が進んでいく。小芳が喜多村緑郎、妙子が水谷八重子（初代）。屈指の名舞台でした。私、感激して席をたてないくらいでした。戦争中にこんな芝居見れると思ってなかった。二か月後には、大阪空襲で私ら焼け出されてしまいます。思いきってよう行ったもんです。母もちゃんとお金くれました。一等席で見ました。南座の食堂で栗の甘煮を皿に載せて売ってました。そんなん大阪で食えなんだ。私二皿ほど食べたと思う。帰りに、京都の朝日会館内の新刊書店で、堂本寒星《どうもとかんせい》5の『上方演劇史』（春陽堂、一九四四年再版）という本を買いました。高かったと思います。そんだけまかなえるお金を、母親からもらったんやろね。なんぼやったかは忘れましたけど。

1　曽我廼家五郎（一八七七～一九四八年）主宰の劇団。既成の演劇にない新分野を開拓した。
2　一九二八年、曽我廼家十吾と二代目渋谷天外を中心に旗揚げ。のちの松竹新喜劇の源流のひとつ。
3　新派を代表する女形役者、一八九四～一九六五年。一九三九年、劇団「新生新派」を結成。
4　俳優、一九〇一～七二年。「新生新派」の結成に参加。戦後、映画やテレビドラマなどにも出演した。
5　関西在住の演劇評論家、一八八七～一九六四年。画家の堂本印象の兄。

戦後の大阪歌舞伎の話も少しします。戦時中、大阪歌舞伎座は「戦力増強館」という名前で、軍需工員や兵隊さんの家族の慰安用の劇場になっていました。戦後、再開され、昭和二十一年（一九四六）四月に歌舞伎座の興行は、えらい評判になりました。その時の番付は、ちっさい、二色刷りのほんまに粗末なもんでした。

この時の演《だ》し物が「お夏の茶屋」。歌舞伎や人形浄瑠璃で「お夏清十郎」という芝居があります。大店のお嬢さんと手代の駆け落ち芝居ですが、その主人公のお夏が年とってから、播磨の国の峠で茶屋をしているという設定です。その茶屋に駆け落ちの若い男女が逃げて来て、床机に腰掛けて、キスをするんです。戦前の芝居でキスシーンなんて考えられなかった。それが戦後、解禁になりましてね。歌舞伎でも早速採り入れた。それが呼び物になったんです。お夏役が中村梅玉[1]。若い男女が中村翫雀《かんじゃく》、後の鴈治郎《がんじろう》。その相手役が中村芳子[2]です。芳子は初代鴈治郎の娘で、翫雀の腹違いの妹に当たります。昭和七年頃から舞台に出るようになってね、なかなか人気おました。年いってからも映画に出ていい味を出してはりました。

それからこの興行では、古い歌舞伎で「守宮酒《いもりざけ》」という芝居も上演されました。「心《こころ》筑紫《づくし》恋《れん》慕珠取《ぼのたまとり》」。守宮酒というのは惚れ薬のことです。それを飲まされた堅い女性が口説き落とされるという話です。長いこと上演されておらず、それが戦後解禁になりました。守宮酒には大阪の名優が全部出るんです。実川延若が多々羅新洞左衛門、梅玉、翫雀、中村富十郎[3]、みんな出てます。その時の新聞の劇評をいくつか切り抜いてます。戦後の大阪歌舞伎の最初やさかい、と思ったんですかね。どれもこれも、酷評です。『夕刊新大阪』[4]やと思いますけど、「こんな卑《ひ》猥《わい》な狂言は時代の悪用」と手厳しい。ほかはどこの新聞かわからんのですけど、「扇情劇を廃す」とか、「色気が命」とか、ね。

こんな風にして戦後の大阪歌舞伎が再開されたというのも、ちょっと面白い。

1　三代目、一八七五～一九四八年。大正から昭和にかけて活躍した歌舞伎役者。
2　女優、一九二〇～八七年。夫は四代目中村富十郎。島原の二代目夕霧太夫を襲名。
3　四代目、一九〇八～六〇年。
4　一九四六年創刊。大阪の夕刊地方紙。

戦後の大阪歌舞伎を語り始めるときりがないのですが、あとひとつ。昭和二十五年（一九五〇）は寅年ということで、二月にトラが登場する「国姓爺合戦《こくせんやがっせん》」の通しをやりました。市川寿海[1]が和唐内、甘輝《かんき》将軍が阪東寿三郎[2]、錦祥女《きんしょうじょ》が中村富十郎[3]。この芝居の本当の面白さが、和唐内のお母さんにあることを教わりました。母親役の市川新之助に感動しました。九代目市川団十郎の娘婿で、この時大阪にいたのです。上手な役者でした。寿海、寿三郎もまた素晴らしかった。私は二十歳でした。二年落第してましたから新制高校の二年です。この芝居で、歌舞伎の構成や演技の面白さを、はっきりした目で鑑賞できたと思います。私にとって印象深い芝居でした。

「この本を読んで歌舞伎の面白さがわかった」と、筆者が話す戸板康二の『丸本歌舞伎』

その頃、戸板康二《やすじ》[4]の『丸本歌舞伎』とゆう本が出ました。「丸本歌舞伎てなんや」と思ったんで、読んでみたら、いわゆる義太夫狂言です。人形浄瑠璃の狂言が歌舞伎になったのが丸本歌舞伎です。「仮名手本忠臣蔵《かなでほんちゅうしんぐら》」「義経千本桜《よしつねせんぼんざくら》」「菅《すが》原《わら》伝授手習鑑《でんじゅてならいかがみ》」という三大名作をはじめ、私らが歌舞伎の名狂言と思っているものの多くはこれなんです。私ね、この本を読んで歌舞伎に開眼しました。戸板のゆうこと、全部了解できますねん。そうそうあれやあれや、てね。子どもの時から積み重ねていた歌舞伎の知識が、すっきりと整理された。それまでは漫然と歌舞伎が好きやということで見て来ただけでした。歌舞伎の本当の面白さ、脚本の全体の構成力の緻密さとか、この本を読んで、さっとわかった。にがりを入れると豆腐が固まるようなものです。歌舞伎に対する認識というのがいっぺんに固まった。うーん、そういうことやったんかと。戸板康二という人が尊敬すべき人やと思いました。私、戸板の歌舞伎の本全部持ってます。出るたびに買うてます。

大阪歌舞伎の現状ですけど、関西に役者がほとんど住んでいないのは寂しい限りです。それでも、中村鴈治郎[5]や片岡愛之助[6]らが次を支えてくれるでしょう。この人たちが大阪の歌舞伎、つまり丸本歌舞伎をどんどん演ってくれれば、上方歌舞伎の伝統が引き継がれるんやないか、と思っています。

1　大正から昭和にかけて活躍した歌舞伎役者、一八八六～一九七一年。戦後、東京から関西歌舞伎に移り、中心的な役割を担った。
2　三代目、一八八六～一九五四年。戦後、市川寿海とともに「双寿時代」を築いた。
3　四代目、一九〇八～六〇年。戦後の関西歌舞伎で立女形として活躍した。
4　演劇評論家、作家、一九一五～九三年。「団十郎切腹事件」で直木賞受賞。『丸本歌舞伎』は一九四九年に和敬書店から出版。
5　四代目、一九五九年生まれ。
6　六代目、一九七二年生まれ。

後記

「大阪のもんやったら、何でも好きです」。折に触れて、そうおっしゃる肥田晧三さんは、幼少の頃から、歌舞伎や文楽、映画に親しまれ、大阪の郷土史に興味を持たれました。しかし、昭和二十年の大阪大空襲で大阪・島之内の自宅を焼かれ、長く闘病生活を送られました。その逆境の中、病床で読んだ雑誌『上方』をはじめとした書物によって蓄えられた該博な知識を血肉とされたのだと思います。

平成二十五年十月、初めて肥田さんとお目にかかりました。上方落語や織田作之助、ＯＳＫ、南木芳太郎などのお話をお聞きし、お話の内容の深さ、広がり、並外れた記憶力に心から驚嘆いたしました。今思えば、身のほどを知らぬことと汗顔の至りなのですが、何とか肥田さんのお話を活字として残したい、それが、大阪で新聞を発行している会社としての責務だと感じました。意義を編集局幹部らに訴え、二十七年四月から連載がスタートすることになりました。連載の三年二か月分をまとめたのが本書です。

「聞き書き」という形ですが、実際には以下のような形で作業を進めています。二か月か三か月に一度、肥田さんに大阪市北区の読売新聞大阪本社までご足労を願います。いつも和服姿で、奥様の美知子さんが押される車いすで来社され、持参した資料とともに事前に取り決めたテーマについて語られます。

長いときには三時間に及ぶこともあります。殺風景な会議室で、滔々と話されるその内容は毎回実に魅力的で、とても貴重な講義を一人で受けているようなものです。贅沢な時間ではあるのですが、浅学の悲しさ、登場する人物の固有名詞すらおぼつかないことがほとんどで、図書館で古い文献を調べるなどしながらようやく原稿に仕立てるというのが現状です。

お話の中で何度も感じたのが、せっかく素晴らしい業績をあげながらも、低く評価されてきた人たちへの愛惜の念です。文化、学術の面で、大阪にいることのハンディキャップを痛感されておられるのだと思います。

連載にあたり、タイトルを『再見　なにわ文化』としました。字義通り、「昔の大阪の文化をもう一度見る」という意味です。音が同じ「再建」のニュアンスも伝われば幸いです。

最後になりましたが、連載時から含めて様々な形で、快くご協力いただいた皆様に心よりお礼を申し上げます。

読売新聞大阪本社編集委員　滝　北　岳

再見　なにわ文化

上方文庫別巻シリーズ 9

2019年 2 月27日　初版第 1 刷発行

著　者　肥田晧三

発行者　廣橋研三

発行所　和泉書院
〒543-0002　大阪市天王寺区上之宮町7-6
電話06-6771-1467　振替00970-8-15043

印刷・製本　太洋社　装訂　仁井谷伴子

ISBN978-4-7576-0897-9　C0321　定価はカバーに表示